QUATRE TITRES

POUR UN.

IMPRIMERIE D'ANT. BÉRAUD,

rue Saint-Denis, N°. 374.

QUATRE TITRES

POUR UN :

LES TROIS DIABLES; — LE DONJON
DE LA TOUR DU NORD; — HUIT
JOURS A PARIS; — HUIT JOURS EN
PROVINCE.

Par RABAN.

Castigat ridendo.

TOME SECOND.

A PARIS,

Chez LOCARD et DAVI, Libraires,
QUAI DES AUGUSTINS, N°. 3.

1820.

LE PROVINCIAL;

ou

HUIT JOURS A PARIS.

CHAPITRE PREMIER.

Le départ. — L'arrivée. — Monsieur et madame Martin. — Premières scènes scandaleuses.

Antoine ! — Monsieur ? — M'as-tu arrêté une place dans l'Hirondelle ? — Oui, Monsieur, nous partons ce soir. — Fort bien ! Mes malles sont-elles faites ? — Oui Monsieur. »

Après ce court dialogue, je descends au salon. — Adieu, ma mère !

adieu, ma sœur, mon oncle le procureur, mon cousin l'abbé, etc.!... adieu tout le monde! — Adieu, mon fils! n'oubliez jamais les excellentes leçons que je vous ai faites. — Adieu, mon frère! n'oubliez pas de m'envoyer le chapeau à la mode. — Adieu, mon neveu! si vous avez quelque procès, écrivez-moi... — Adieu, jeune homme! que la main de Dieu te conduise!... Enfin, je m'échappe de ce concert bruyant de souhaits, de conseils, de recommandations; Antoine m'attend avec impatience: le pauvre garçon n'a jamais vu Paris, et il meurt de peur que l'Hirondelle ne s'envole sans nous. Nous y voilà!

Les chevaux hennissent,
Les fouets retentissent,
Les vitres frémissent,
Nous voilà partis!

— Oui-dà! s'écrie le lecteur : voilà un singulier début. Cet original nous parle de lui, de sa famille, voire même de son domestique; et nous ne savons encore ni son nom, ni son état, ni le motif de son voyage, dont il nous entretient comme d'une chose connue du monde entier.... — Doucement, doucement, monsieur l'Aristarque, qui jugez les gens aussi promptement; calmez, je vous en prie, ce grand courroux. Vous voulez savoir qui je suis, et ce que je viens faire à Paris ; rien d'aussi facile que de satisfaire cette curiosité : chaque chose a son temps. Je me nomme Auguste le Gai, et je vous préviens que mon nom est parfaitement d'accord avec mon humeur; ainsi, s'il faut, pour vous intéresser, des héros *dissimulans*, jetez mon livre, et prenez *les Vampires ;* mais si vous êtes l'ami du plaisir, l'enfant de la joie; si le joyeux Epicure vous compte au nombre de ses disciples, lisez, riez et soyons amis.

Que faut-il pour rire? du scandale, encore du scandale, toujours du scandale. En vérité, sans le scandale il faudrait renoncer à la vie; c'est là une vérité incontestable, aussi en trouve-t-on de tous côtés : il y avait du scandale dans Landernau; il y en a à la cour, à la ville, aux chambres, aux spectacles, à l'église. Les amis du scandale ne craignent point de disette, ils ont des provisions pour long-temps, et on leur en prépare chaque jour de nouvelles....—Maudit bavard ! nous direz-vous enfin ce que vous venez faire à Paris?—Parbleu ! rien d'aussi facile, je viens solliciter.—Solliciter ! c'est un vilain métier. — Peut-être. — Vous avez donc rendu quelque service à l'Etat ? — Moi ! point du tout... — Et vous sollicitez ?.. — Que sais-je? Une sous-préfecture, une préfecture, voire même un porte-feuille : qui sait tout ce qu'il peut arriver d'heureux à un solliciteur? J'ai vu un porte-feuille passer, en trois jours, dans trois mains diffé-rentes, et, par le temps qui court, il n'est pas impossible que quelque jour... — Vous êtes fou, mon cher. — Tant mieux pour vous, lecteurs;

Plus on est de foux, plus on rit.

Mais tandis que je vous entretiens

de mes projets de grandeurs, l'Hirondelle vole à tire-d'ailes. Je ne vous dirai rien de mes compagnons de voyage; car, excepté Antoine, que la joie tient éveillé, ils dorment tous. Enfin, nous voilà rue du Bouloi; il est six heures du matin. Je fais venir un fiacre, mes malles, mon sac de nuit, Antoine et moi, nous nous entassons dans le modeste équipage, et puis, fouette, cocher. — Où faut-il vous conduire ? — Où tu voudras, pourvu qu'on y trouve un bon lit, d'excellent vin et de jolies filles. — Not' bourgeois, à l'Hôtel du Nord, on trouve tout ça. — Eh bien! va pour l'Hôtel du Nord.

Nous roulons environ dix minutes, et nous voilà à l'Hôtel du Nord.

tous les commençaux sont encore
dans les bras du dieu du sommeil :
le portier est le seul qui balaie, en
grondant, le devant de la maison.
Ce brave homme a bien des raisons pour se plaindre : aussi permet-
il à peine à deux ou trois bâillemens
de venir l'interrompre. A la vue du
sapin, qui nous menait de toute la
vîtesse de ses rosses, il avait quitté
le balai, pour bâtir ses conjectures :
c'était peut-être madame B., la
marchande de modes du n°. 15, qui
avoit été au bal de l'Opéra, ou bien
c'était madame F., dont le mari était
en tournée dans les départemens,
et qui calmait de son mieux les
ennuis du veuvage. Il serait encore
possible que ce fût....... Dans ce moment, nous nous arrêtâmes, et le

charitable Cerbère interrompit son calcul de probabilités, pour nous ouvrir la portière. — Mon ami, il me faut sur-le-champ un bon lit, du bon vin, des huîtres vertes, des œufs frais et un grand feu. — Entendons-nous, Monsieur; il nous reste un petit appartement au troisième; mais il n'y a point de cheminée. On trouve de très-bon vin chez M. Mélange, des huîtres vertes et des œufs frais au Rocher de Cancale, et on pourra faire un grand feu dans le petit poêle qui est placé au milieu de l'appartement que je propose à Monsieur. Je fus étonné d'entendre cette kirielle d'observations: je pensais qu'à Paris il ne s'agissait que de commander pour être servi à souhait; mais j'eus bien-

tôt deviné où était la difficulté.
Un double... ma foi ! comment dirai-je ? ce n'était pas un double
louis.... Eh bien ! en resterai-je là ?
en vérité, je ne sais quel nom donner
à cette pièce ?... Attendez, m'y voilà;
c'était un double... eh! parbleu ! un
double usurpateur. Que d'amour
les bons Parisiens ont pour cette
monnaie séditieuse! jugez-en par
mon portier: à peine a-t-il vu briller
ce métal magique, que son balai vole
à dix pas; il s'avance d'un air res-
pectueux, ôte son bonnet d'une
main, tend l'autre, et laisse échapper un *merci, Monseigneur !*... Un
seigneur qui voyage en fiacre, ou
bien dans l'Hirondelle..... O! puissance de l'or !

Cependant M. Martin, le maître

de l'hôtel, avait entendu le bruit d'une voiture, il avait reconnu qu'elle s'arrêtait à sa porte; et comme rien n'importait autant à M. Martin que d'amasser de l'argent, il s'était élancé hors du lit, dans lequel reposait sa chaste moitié, et il venait, en robe de chambre et en caleçon, recevoir ses nouveaux hôtes. il me fit voir successivement plusieurs cabinets situés au troisième et même au quatrième étages; c'est que M. Martin, qui avait vu le modeste phaéton dans lequel nous étions arrivés, n'avait pas autant de raisons que son portier pour me croire un grand seigneur; aussi parut-il fort surpris que je ne m'accommodasse d'aucun de ces appartemens; sa prévoyance se trouvait en défaut.

Il y a, se dit-il après un instant
de réflexion, il y a quelque anguille
sous roche. C'est là, où je ne suis
qu'un sot, quelque jeune seigneur
qui voyage *incognito* : il y a de l'argent à gagner. Puis se tournant vers
moi : « Si Monsieur voulait accepter
mon appartement, il est à ses ordres;
trois pièces bien meublées. — Et situées ?.. — A l'entresol. — Vous louez
cela ?.. — Deux cents francs par mois.
— Cela me convient. » Oh! pour le
coup, M. Martin se crut certain de
tenir quelque grand personnage. Il
court en toute hâte à l'entresol.
— Madame Martin, il faut déloger;
et vous aussi, Clémence. Allons, ma
fille, un jeune seigneur me fait l'honneur d'occuper mon appartement;
allons, mes enfans, point de paresse.

Tandis que madame Martin et sa fille s'apprêtaient à déguerpir, Antoine montait les malles. M. Martin pressait ces dames, qui, de leur côté, suaient sang et eau pour paraître d'une manière convenable devant un *seigneur*; car le bonhomme n'en démordait pas, j'étais seigneur malgré moi. A la vérité, ce n'est pas au visage qu'on connaît un roturier, et c'est bien ce dont nos nobles et féodaux comtes et marquis enragent de tout leur cœur; aussi annonce-t-on comme certain, qu'une délibération de la *Société de l'Éteignoir* enjoint à tous les chevaliers de cet ordre, de porter sur la poitrine, le parchemin qui les déclare d'une autre pâte que le reste des hommes. Je voudrais bien savoir

si les balles et les boulets respec-
teront cette cuirasse... En vérité,
je ne sais quelle fatalité me pousse
à parler sans cesse de ces gens-là.
J'en demande pardon de bonne-foi
à mes lecteurs, et je reviens :

Clémence parut enfin.

. . . . Un dix avec un sept
Composaient l'âge heureux de ce charmant
    objet.

Une jolie figure, quoique peu ré-
gulière, de grands yeux noirs qu'om-
bragent de longs cils, une taille
svelte, une gorge dont on distingue
la blancheur à travers une légère
mousseline, et dont on devine la vo-
luptueuse élasticité... Ami lecteur, si
tu as vingt-cinq ans, tu sens ce que
j'éprouvai; si les ans ont blanchi tes

Tom. II   1*

cheveux, tu as senti, et

« C'est toujours quelque chose
» Qu'un joli souvenir. »

Ah! Clémence! comme tu fis délicieusement battre mon cœur!

Cependant tous mes effets sont dans l'antichambre, et madame Martin ne paraît point. Patience, ne vous fâchez pas; sa cuisinière est partie chez M. Dulac, chercher un pot de fraîcheur pour Madame; pendant ce temps, notre Laïs, qui n'avait pas tout-à-fait atteint son treizième lustre, plaçait son ratelier artificiel, ajustait sa perruque blonde sur sa tête pelée. Mais avant de faire plus ample connaissance avec la famille Martin, je vais vous entretenir un instant des autres commençaux qui doivent figurer dans ce petit tableau des mœurs parisiennes. Une partie du premier étage est occupée par l'abbé Vitali, ecclésiastique italien, vrai fanatique ; mais en tout bien et tout honneur, il eût brûlé les gens qu'il croyait hérétiques ; mais c'eût été avec la ferme persuasion qu'il leur rendait service. L'autre partie du même étage était aussi occupée par un abbé ; mais celui ci était français, et s'appelait l'abbé Soutanon ; homme très-*moral*, qui n'allait à l'Opéra qu'une fois la semaine, et chez les filles qu'à la nuit close. Ce brave homme spéculait sur les billets de confession, et se faisait, par cet innocent trafic, un revenu assez considérable. Madame Danville, veuve d'un officier supérieur, occupait un des appartemens du second. Celui de droite était habité par mademoiselle Laïda, jeune personne, vive, légère, spirituelle et jolie, qui devait incessamment débuter à Faydeau; et les deux pièces situées à gauche avaient pour locataire M. Florville, jeune peintre plein de talent et d'esprit; mais fou, comme tous les artistes.

Le troisième était occupé par quelques petits employés à 1200 fr.

Et le quatrième n'avait pour habitant, que M. Thomas, grand benêt, neveu de M. Martin, et qui venait tout exprès à Paris pour épouser sa cousine Clémence. Dieu sait comme cet époux-là plaisait à la pauvre petite! mais enfin M. Martin le vou-

lait, il fallait se sacrifier ; et puis,
Clémence savait déjà qu'une femme
n'est pas tenue d'aimer son mari,
et elle se proposait bien, quand elle
serait madame Thomas..... Enfin,
voilà Jeannette qui arrive, et, avec
elle, la fraîcheur que sa maîtresse
attend si impatiemment. Madame
Martin en étend à la hâte une
double couche sur ses joues, et,
obéissant à la voix de son époux
qui, du rez-de-chaussée, lui crie :
Descendras-tu bientôt ?... elle sort
appuyée sur le bras de Jeannette,
et nous laisse enfin maîtres du ter-
rain. Tandis qu'Antoine défait les
malles, que le portier me fait ap-
porter à déjeûner, M. Martin dis-
pose, pour se loger, deux petites
pièces, situées au rez-de-chaussée;

et comme le lit de Clémence n'y peut être placé, il est décidé qu'elle occupera un des cabinets du second. Accoutumée à obéir, Clémence franchit, avec la légèreté d'une nymphe, l'escalier qui conduit à la chambre qu'on lui destine. Le corridor était fort obscur ; la jeune enfant, qui n'était peut-être pas montée deux fois jusque-là, tourne sans balancer le premier bouton qui se rencontre sous sa jolie main ; la porte s'ouvre..., Grand dieu ! c'est l'appartement de M. Florville ; et ce dernier, qui sort du lit, s'offre aux regards pudiques de la jeune vierge dans le plus simple appareil.... Clémence veut fuir, le pied lui manque, (un faux-pas est sitôt fait) et elle va donner de la tête contre la muraille, avec

tant de violence qu'elle tombe èva-
nouie. Florville, sans s'inquiéter du
désordre de sa toilette, vole au secours de l'aimable enfant, la relève,
la transporte sur une bergère....
Un malheur en suit un autre : dans
ce moment, M. Thomas descendait
de la mansarde où on l'avait relégué;
il voit sa future dans les bras du
peintre, et court en criant : « Mon
oncle! ma tante! venez voir; c'est
indigne! tromper un honnête garçon
comme moi!... M. Martin n'avait
garde d'entendre les clameurs de
son cher neveu. Celui-ci arrive enfin
à l'entresol, en continuant ses exclamations. Surpris de ne pas voir
accourir son oncle, au vacarme qu'il
faisait, il entre..... J'en étais à
ma sixième douzaine... La surprise

lui ôte, pour quelques secondes, l'u-
sage de la parole, enfin il s'écrie:
« Qu'est-ce que tout ça signifie? Il y
a des sorciers ici; mais je n'm'en
irons pas sans savoir l'fin mot. Si
c'est une farce, j'leux y ferai voir
que c'n'est pas à des gens d'ma
valiscence qu'on fait la nicque. » A
ces mots, je ne pus retenir un long
éclat de rire; Antoine m'imita, Thomas devint furieux, et je ne sais pas
trop ce que tout cela allait devenir,
lorsque M. Martin parut. « Monsieur
Thomas, que veut dire tout ce bruit?
—C'que ça veut dire, morgué! ça
veut dire que je n'voulons pas d'vot'
fille.—Et par quelles raisons, s'il
vous plaît?—Par la raison qu'vous
allez voir. » En parlant ainsi, il prit
la main de son oncle, et le condui-

sit jusqu'à l'appartement du jeune peintre, dont la porte était ouverte. Florville faisait tous ses efforts pour rappeler à la vie Clémence, qui était toujours évanouie. Il apprit en deux mots à M. Martin ce qui avait causé cet accident; cette explication calma M. Thomas. « Mon Dieu ! mon Dieu ! s'écria-t il, si al mourait, queu dommage ! Mais, attendez, j'vas aller chercher l'abbé Soutanon; c'est un savant qui connaît la médecine. » Aussitôt il court à l'appartement de l'abbé, il frappe à coups redoublés, personne ne répond; cependant, au bruit qu'il fait, les voisins accourent. Madame Danville, l'abbé Vitali assurent que M. Soutanon ne sort jamais avant midi; et les conjectures les plus alarman-

tes , de marcher à pas de géant.
— Il est peut-être malade, disait
l'un ; une attaque d'apoplexie
l'aura tué, disait l'autre; peut-être
a-t-il été assassiné, ajoutait un troisième. Et vous lecteur, qu'en dites-
vous?.. Quoi, rien! Ah! je conçois,
vous attendez qu'il me plaise de
vous donner le mot. Eh bien! cela
ne sera pas long. Ma quinzième
douzaine est achevée; une moitié
de volaille rotie, assaisonnée d'une
excellente rémoulade , a succédé à
ce délicieux coquillage, et le tout,
corroboré par deux bouteilles de
Champagne, me permet de m'occuper de chose moins sérieuse. Rappelez-vous que je vous ai promis
force scandale ; je me sens plus
que jamais disposé à tenir ma parole.

Ainsi, jeunes prudes, tenez-vous
bien, bouchez-vous les oreilles, fer-
mez les yeux, tout cela ne me regarde pas. Eh bien! que faisait ce
pauvre abbé Soutanon, tandis qu'on
délibérait si on enfoncerait la porte
avant que d'avertir le commissaire?
Nous y voilà: Depuis quelques jours,
M. Soutanon lorgnait Mademoiselle
Laïda, il trouvait que c'était là une
charmante pécheresse, et il pensait
qu'il y aurait d'autant plus de mé-
rite à convertir cette aimable enfant,
que sa beauté, ses grâces, etc. at-
tiraient de toute part la séduction.
Il est vrai qu'il ne pouvait penser
à cette charmante pénitente future,
sans que son regard s'animât, sans
qu'aussitôt un feu subit colorât sa
triste physionnomie; mais l'abbé Sou-

tanon avait été jésuite ; et il savait
parfaitement faire accorder les principes les plus purs avec les actions
les plus immorales. Si je résiste,
se dit-il, j'aurai remporté une victoire éclatante; si je succombe,j'aurai
au moins tenté d'imiter saint Antoine, et il est toujours bon de
prendre pour modèle un des plus
grands saints du paradis, lors même
qu'on échoue dans ses entreprises.
Son plan bien conçu, il en dit
quelque chose à Laïda, qui, pour
toute réponse, lui rit au nez. L'abbé,
horriblement tourmenté par le démon de la concupiscence, fit briller
l'or; on prêta l'oreille à ses propositions ; il lâcha quelques louis,
les conventions furent faites, et,
à la suite d'un petit souper chez

Soutanon, son lit avait servi d'autel expiatoire....... Hem! m'entendez-vous maintenant?... Le sommeil les avait surpris, et, lorsque les coups redoublés du lourdaud Thomas les avait éveillés, ils s'étaient trouvés dans les bras l'un de l'autre.

Chaque minute rendait la situation de l'abbé plus embarrassante; il ignorait la cause de la rumeur qui se faisait entendre. Il eût pu sans doute faire cacher Laïda; mais des gens qui menacent d'enfoncer une porte ont très-certainement des intentions hostiles : on peut faire des perquisitions, trouver la jeune poulette, et alors tout est perdu. Tout-à-coup un trait de lumière se présente à son imagination. — Laïda, placez-vous à ce prié-dieu,

à genoux.... bien ! c'est cela..... ne
dites-mot ; je me charge du reste. »
En parlant ainsi, il passait une ample robe de chambre, et il courut
ouvrir la porte, qu'on menaçait
d'enfoncer. « — Que signifie , Messieurs, tout ce tapage ? — Ciel ! s'é-
cria madame Danville ; Laïda chez
monsieur Soutanon ! — Oui, sans
doute, Madame ; la religion a fait
entendre sa voix divine à cette jeune
brebis ; j'espère la ramener dans le
bercail du Seigneur, et j'écoutais
sa confession générale. Ah ! Messieurs, vous ne savez pas tout ce
que m'a coûté cette conversion : non,
vous ne le savez pas, car vous vous
seriez bien gardés de venir m'interrompre au moment où j'allais
consommer ce grand œuvre. Cha-

cun le regardait avec étonnement.
Madame Danville souriait , et ne
concevait pas qu'un ecclésiastique
pût avoir autant d'effronterie ; Thomas joignait les mains en disant : Le
saint homme ! L'abbé Vitali assurait
qu'il eût volontiers sacrifié la moitié
de son bien pour faire une telle
conversion. Madame Martin lui assurait , en minaudant , que cela ne
coûtait pas aussi cher qu'il le pen -
sait. M. Martin, qui n'entendait pas
raillerie , expliqua à l'abbé Soutanon ce dont il s'agissait ; et celui-ci,
enchanté de se tirer aussi facilement
de ce mauvais pas , se mit en devoir
d'aller secourir la jeune Clémence.

Tandis que tout cela se passait ,
Florville , qui trouvait mademoiselle Martin charmante , adorable ,

et qui ne l'avait pas quittée, était parvenu à lui faire reprendre ses sens. Il avait jugé le moment des plus favorables. Tomber aux genoux de Clémence, lui jurer un amour éternel, une fidélité à toute épreuve, tout cela fut l'affaire d'un moment. On sait déjà que la jeune enfant n'était pas fort éprise de son cousin Thomas ; mais on ignore qu'elle pensait quelquefois à M. Florville, et qu'elle le trouvait fort à son gré. Qu'arriva-t-il de tout cela? que Clémence rougit beaucoup et ne répondit rien; que le jeune homme osa prendre un baiser ; qu'on le laissa faire sans se fâcher, et qu'il en prenait un second, qu'on lui aurait probablement rendu, lorsque la société, ayant en tête l'abbé Soutanon, entra fort mal à propos.

CHAPITRE II.

——

Fin de l'aventure précédente. — Liaison de mon héros avec le peintre Florville. — Nouveaux renseignemens sur l'emploi que les commençaux font de leur temps.

C'EST affreux! abominable!..... — Qu'avez-vous donc, cher lecteur? — Comment! ce que j'ai? Vit-on jamais rien de semblable? Laisser ces pauvres enfans dans une situation aussi critique! terminer un chapitre au milieu d'une action.... en vérité, voilà qui ne se

conçoit pas ! — Vous en parlez bien
à votre aise, mon cher; mais croyez-
vous donc que les affaires ne doivent
pas passer avant tout. Ce que je vous
ai dit jusqu'alors, je l'ai vu par les
yeux d'Antoine, que j'avais envoyé
à la découverte : car vous sentez
qu'un homme de mon caractère,
de mon appétit surtout, ne quitte
pas ainsi.... — Mais vous aviez dé-
jeûné? — Non pas, s'il vous plaît.
Les huîtres, la volaille, le soterne
avaient disparu, à la vérité; mais
comptez-vous pour rien le dessert,
cette partie essentielle d'un bon repas? J'en étais donc au dessert; vint
ensuite le café, le nectar de madame Amphoux; et lorsque tout
cela fut *ad patres*, je me sentis la
force de monter jusqu'au troisième.

J'arrive et je commence mon second chapitre : vous conviendrez
qu'on ne saurait faire une coupe plus
heureuse. Maintenánt, voyons comment nos amans sortiront de ce
mauvais pas.

Le gros Thomas criait de toutes
ses forces à la trahison; madame
Martin tenait son mouchoir sur ses
yeux ; mon hôte voulait assommer
le jeune peintre ; madame Danville
souriait; l'abbé Vitali priait pour les
coupables, et Soutanon ne disait mot.
— Faut-il donc condamner les gens
sans les entendre, s'écria tout-à-
coup Florville ! Comme peintre,
j'ai fait un cours d'anatomie ; il n'est
donc pas surprenant que j'entende
quelque chose à la médecine. Or,
dans le cas où se trouvait mademoi-

seile Martin, il n'y avait que quelque sensation vive qui pût la rappeler à la vie. Le sang refluait vers le cœur : quelques minutes encore, et l'aimable Clémence avait vécu. Calcule-t-on les bienséances lorsqu'il y va de la vie de son semblable? Des caresses vives ont sauvé les jours de l'aimable Clémence ; me reprochera-t-on mon trop d'humanité? *Honni soit qui mal y pense !* Mais, au surplus, si cette explication ne suffit pas, j'offre une entière satisfaction ; et, en donnant ma main et mon nom à mademoiselle Martin, j'écarte le venin de la calomnie.

L'abbé Soutanon, qui sentait le besoin qu'il avait lui-même de l'indulgence de toute la société, assura qu'on ne pouvait se justifier d'une manière plus satisfaisante, et que, pour son compte, il ne doutait pas de l'innocence des jeunes gens. Le prêtre italien dit que la charité devait nous porter à croire le bien de préférence au mal ; et Thomas s'écria que, d'après ce que venaient de dire ces saints hommes, il ne balançait pas pour croire sa cousine innocente. Pendant que tout cela se passait, Laïda avait prudemment regagné son appartement, et la profession de foi que venait de faire messire Thomas ayant terminé la discussion, les commençaux se séparaient, lorsqu'un domestique accourut, tenant un cachemire, que, disait-il, il venait de trouver sur le lit de l'abbé Soutanon. Nouveaux éclats de rire, nouveau scandale.

—Depuis quand, dit madame Danville, M. l'abbé se sert-il de cou-
vertures de cachemire? C'est sans
doute, répondit madam Martin,
depuis qu'il convertit des actrices.

—Mesdames, répondit Soutanon,
Dieu veut éprouver son serviteur,
que sa sainte volonté soit faite!
Aussi ne dirai-je qu'un mot pour
ma défense : Joseph laissa son man-
teau dans les mains de la femme
de Putiphar, cette circonstance per-
dit Joseph; était-il coupable?.... Là-
dessus, il rentra chez lui, s'enferma à double tour et ne reparut
qu'au dîner.

Cependant le domestique ne cessait de crier : « A qui appartient le
cachemire? » et, comme personne ne

répondait, il dit à haute voix : Je vais faire annoncer dans les *Petites-Affiches* la trouvaille que j'ai faite, le lieu où je l'ai découverte; et nous verrons si on la réclamera. Soutanon qui, de son appartement, entendait ce qui se passait, était au supplice : de son côté, Laïda n'osait réclamer son précieux tissu. A la fin, faisant un dernier effort pour surmonter une timidité qui ne lui était pas naturelle, elle sortit et réclama la trouvaille comme étant sa propriété. A la vérité, les éclats de rire de la société l'intimidèrent un peu ; mais elle recouvrait un cachemire : il y a au moins compensation.

Je vous ai déjà fait connaître une de mes précieuses qualités, cher lecteur, avec le temps vous con-

naîtrez les autres. — Et quelle qua-
lité? — Osez-vous le demander? Ne
vous ai-je pas confié que j'étais un
gourmet du premier ordre? et comptez-vous cela pour rien, par le temps
qui court ; lorsqu'il ne s'agit quelquefois, pour représenter un dépar-
ment, que de savoir apprécier un
pâté de foie gras et une volaille
truffée? N'avez-vous donc pas entendu parler de ces redoutables
ventrus ? Si vous ne connaissez pas
ces gens-là, qui connaissez-vous
donc ? Or, le point essentiel pour
un gourmet est de bien connaître
la cuisine et le cuisinier de la maison
qu'il se propose d'habiter.

Le maître de l'hôtel du Nord tenait
une table d'hôte, à laquelle man-
geaient tous les commensaux de

la maison. Cette dernière circonstance me promettait quelques anecdotes piquantes, et surtout passablement scandaleuses; et si j'aime la table, vous n'ignorez pas que je suis aussi grand amateur de scandale. Le scandale, chez moi, est pour le moral ce que de bons dîners sont pour le physique; et pouvais-je être, comme observateur, mieux placé qu'à l'hôtel du Nord, où je verrais une actrice dîner entre deux abbés, une agnès entre deux amans, une coquette surannée à côté de son époux qu'elle brûle de... et faisant pour cela toutes les agaceries imaginables aux convives masculins. Cependant je ne pouvais raisonnablement me hasarder à faire un mauvais dîner, et

Tom. II. 2*

pour éviter ce malheur , je descends à la cuisine..... Diable ! monsieur le chef est élève de Beauvilliers, cela promet. — Dites-moi , Monsieur le chef, de quoi se compose la table d'hôte ? — Monsieur, il y a tous les jours deux potages, six hors-d'œuvres, huit entrées, quatre rôts, douze entremets et vingt-cinq assiettes de dessert ; ensuite , d'excellent Moka, du Cognac de cent ans, des liqueurs de la Martinique, du kirchenwaser de la Foret-Noire et du rhum de la Jamaïque. Pour le vin : aux entrées, du vieux Beaune ; du Chambertin pour entremêt ; et au dessert, du Madère sec, du Lunel et du Rota. — Oh ! oh ! et tout cela coûte ? — Six francs. — Six francs ! mais c'est donc le paradis terrestre que

cet hôtel ? Vîte, faites-moi coucher
sur la liste des convives. Vive Dieu !
c'est ici le pays de Cocagne !

En attendant le dîner, je résolus
de faire une visite à M. Florville.
Comme le marquis de B..., je n'ai
pas de bosse au front : et la raison,
c'est que je suis garçon ; mais je
suis un peu meilleur physionomiste
que lui. La figure du jeune peintre
m'avait paru heureuse ; tout me
disait que son caractère devait sym-
patiser avec le mien. Il était peintre
et comme tel il devait être observateur. Comme artiste, il aimait le
bon vin ; français et jeune, le beau
sexe devait être l'objet de son culte...
Admirez le calcul des probabilités !
tout cela se trouva précisément
comme je l'avais prévu. Florville

avait ving-cinq ans , j'en avais dix
de plus; mais j'avais l'avantage de
ne pas être plus raisonnable.....
Comment ! s'écrie un censeur, et
vous sollicitiez une préfecture!—
Et quel rapport y a-t-il entre une
préfecture et la raison ? Est-ce
qu'un préfet est obligé d'avoir le
sens commun ?

« Votre procès! disait un pro-
» cureur provençal , à son client.
» Votre procès? c'est l'affaire de mes
« clercs; pour moi, je fais des tra-
« gédies. »

« Nos administrés! disent certains
« préfets, cela regarde les subal-
» ternes que nous voulons bien em-
» ployer : quant à nous, nous faisons
« des opéras-comiques.»

Eh ! qui m'empêchera de penser

comme ces messieurs, qui s'en trouvent si bien? Si jamais je suis préfet,
je veux faire un traité de la gas-
tronomie : cela, je crois, vaudra bien
la tragédie du procureur, et l'œuvre
comique de M***. Demandez plutôt
aux habitans de Montpellier.

Je me présentai donc chez Florville, qui me reçut avec autant de
grâce que si nous eussions été d'an-
ciennes connaissances. Je lui dis que
j'espérais faire avec lui plus ample
connaissance : il m'assura que rien
ne saurait lui être plus agréable ;
et puis, me dit-il, on dîne fort
bien ici ; vous serez des nôtres. —
C'est déjà résolu. — Bravo ! en attendant, si vous le trouvez bon, nous
ferons un tour aux Tuileries. —
Très-volontiers. Et nous voilà partis.

On était au commencement d'avril, le temps était beau, mais froid, et par conséquent, la promenade peu agréable. Après quelques tours aux Tuileries, nous revînmes au Palais-Royal, dont l'hôtel du Nord n'est pas fort éloigné.—Nous avons encore deux heures, dit Florville en regardant à sa montre, entrons au *café Lemblin* : on boit là d'excellente absynthe, c'est une liqueur qui a la propriété d'ouvrir l'appétit; cela vous convient-il? — Sans doute. Comment donc! une liqueur qui donne de l'appétit! morbleu! j'en boirais une tonne. En parlant ainsi, nous entrâmes dans le café.

C'est ici, me dit Florville, que viennent se délasser les débris de notre vieille et glorieuse armée...

Un soupir fut ma réponse... Je
sollicite une préfecture, j'aime les
belles femmes et les bonnes tables;
mais je suis français... Mon pays
avant tout!

Pour chasser les sombres réflexions qui se présentaient à mon
esprit, je priai Florville de me
dire quelque chose des personnages
avec lesquels j'allais dîner pour la
première fois.—Très-volontiers, me
dit-il. Vous savez déjà que Clémence est promise à son cousin
Thomas, qu'elle n'aime pas, et je
vous apprends que je suis disposé
à tout entreprendre pour rompre
ce mariage; j'espère que cela ne
sera pas difficile : on désempare
aisément un lourdaud de l'espèce de
Thomas, et j'ai lieu de croire que

la petite n'en serait pas fâchée, et que, par reconnaissance..... mais nous verrons cela plus tard. Il y a en outre à l'hôtel du Nord deux personnages dans une situation d'esprit tout-à-fait plaisante. Vous avez vu l'abbé Vitali; c'est un fou, une espèce d'illuminé dont le plus grand bonheur est de faire des conversions; mais il ne sait pas, comme Soutanon, employer la bonne manière, le procédé miraculeux. Par exemple, il s'est mis en tête de convertir madame Martin, que chacun connaît pour une femme galante à trente-six karats. Mais le comique de l'histoire, c'est que la dame, qui depuis long-temps manque d'adorateurs, lorgne le prêtre italien, qui lui paraît vigoureux et

tout-à-fait convenable : une telle
situation, entre gens qui se voient
tous les jours, ne peut manquer d'a-
mener quelques scènes originales...
Mais il est maintenant cinq heures,
on va se mettre à table, partons;
je vous promets du scandale et un
bon dîner. L'artiste me prenait par
le côté faible; aussi n'opposai-je
pas de résistance, et nous nous dirigeâmes vers la maison Martin.

Tous les convives étaient déjà
rassemblés, et, contre l'usage,
le plus profond silence régnait dans
la salle à manger. C'était la suite
naturelle de ce qui s'était passé le
matin. M. et madame Martin avaient
pris un extérieur sérieux... mais
d'un sérieux à faire mourir de rire.
La vieille coquette ne parlait que

par sentence; et son bonhomme, les bras croisés sur la poitrine, et se promenant à grands pas, paraissait enfoncé dans de sombres réflexions. L'abbé Soutanon se tenait dans l'embrâsure d'une croisée, et semblait tout à-la-fois craindre et désirer le moment de prendre place à table. Thomas, immobile comme un bastion, ne disait mot et baîllait de temps en temps avec une grâce qui lui était toute particulière; madame Danville souriait; la gentille Clémence, le visage couvert du rouge de la pudeur, n'osait lever ses beaux yeux; Florville fredonnait un couplet malin, et je faisais chorus. Enfin on prit place, et, après le premier service, les coupables reprirent quelqu'à-plomb. Florville et

Clémence entamèrent avec les pieds
une conversation très-vive : de son
côté, l'abbé Vitali, grand amateur,
entretenait madame Martin des béa-
titudes célestes. Quant à moi, placé
près de madame Danville, je hasar-
dai quelques phrases insignifiantes,
et je ne tardai pas à reconnaître l'esprit de l'aimable veuve, qui n'avait
encore que trente ans, et qui, en
bonne conscience, devait difficile-
ment s'accoutumer au veuvage.
Tout-à-coup, M. Martin se leva,
toussa trois fois, éleva la voix et
nous tint le dicours qu'on trouvera
dans le chapitre suivant

CHAPITRE III.

—

Tour joué à Thomas. — Encore
du scandale.

« MESSIEURS et Dames, j'ai l'honneur de vous faire part que l'union
de ma fille et de mon neveu Thomas,
arrêtée depuis long-temps, est fixée
à mardi prochain. Par suite de cette
alliance, je cède mon établissement
à Thomas, et je vous prie de re-
porter sur lui la confiance dont vous
avez bien voulu m'honorer. Mon
neveu, d'ailleurs, est un garçon in-
telligent, je dirai même un garçon
d'esprit... (A ces mots, le sourire se
montre sur toutes les lèvres, et M.
Martin reprend)..., Oui, Messieurs,

un garçon d'esprit : je vous le donne
pour tel, et il vous prouvera lui-
même que j'ai raison ».

Ah ! ma foi, à cette conclusion,
on ne songea plus à se retenir, et
les éclats joyeux formèrent un concert bruyant, qui ne flatta pas in-
finiment M. Martin. Thomas, au
contraire, riait plus fort que les
autres, il ignorait pourquoi : qu'importe, il riait toujours. Quand je
dis que cet accès de gaîté fut général,
je me trompe ; Florville fit une gri-
mace épouvantable, et la gentille
Clémence n'osait lever les yeux, de
peur qu'on ne remarquât qu'ils se
remplissaient de larmes.

M. Martin ayant terminé son discours, et le divin moka ayant, depuis quelques instans, succédé à

L'élégant dessert, on ne tarda pas
à passer dans le salon; et de générale qu'était la conversation, elle
devint toute particulière. Je m'en-
tretenais avec madame Danville,
que je trouvais de plus en plus sé-
duisante. Laïda, qui ce soir-là devait
être une vertueuse Rosiére, nous
quitta pour aller au Théâtre: Florville hasarda quelques mots de consolation prés de la future épouse
du lourdaud. Quant à madame Martin et à l'abbé Vitali, ils s'entrete-
naient avec chaleur, mais trop bas
pour qu'on en pût rien entendre.
Je crois pourtant qu'il s'agissait de
la conversion de la dame; car, dans
ce moment, probablement par un
effet de la grâce, ses yeux avaient
une expression !... et la figure de

l'abbé était terriblement animée...
N'anticipons point, nous saurons
peut-être bientôt de quoi il s'agissait..... Du scandale! toujours du
scandale !

J'aurais désiré pouvoir adresser
quelques-paroles de consolation à
ce pauvre Florville, sur la figure
duquel, malgré les efforts qu'il faisait pour paraître gai, on remarquait
l'empreinte de la tristesse; mais
j'étais près de madame Danville...
Deux beaux yeux noirs m'enivraient
d'amour; de brûlans désirs me dé-
voraient, et j'étais près de celle qui
les avait fait naître... De bonne foi,
est-il un censeur des plus austères,
auquel les œillades d'une femme
charmante n'aient pas quelquefois
dérangé le cerveau?

Je voyais avec peine avancer l'heure où il faudrait se séparer; et le temps, l'inexorable temps auquel il importait peu que j'aimasse ou non madame Danville, n'en ralentissait point sa course. Elle sonna enfin, cette heure fatale, et ce fut alors seulement que je parlai à Florville; il avait repris cet air d'hilarité qui convenait si bien à sa physionomie.

Je débutai par lui témoigner tout le chagrin que me causait la disgrâce dont il était menacé : — Vous avez grand tort, me répondit-il en riant: pensez-vous donc que je me tienne pour battu ? Non, morbleu! je ne le suis point. Clémence m'aime, je l'adore, et je l'aurai: rien de plus naturel. J'ai des créanciers qui ne sont pas des plus traitables; il me

faut de l'argent pour les calmer : je
n'ai pas le sou ; mais le père Martin
est riche, il donnera à sa fille une
bonne dot, avec laquelle je paierai
mes dettes : rien encore là que de très-
convenable. D'ailleurs, je compte
beaucoup sur le mode de conversion
que madame Martin veut mettre
en pratique avec l'abbé Vitali ; vous
verrez, vous verrez..... Dans ce
moment, nous entendîmes la voix
d'un Anglais qui demandait à être
conduit chez M. Florville. Nous
pouvons le recevoir, dit ce dernier :
ce n'est pas un créancier ; je ne
dois qu'à des Français. Aussitôt
l'Anglais parut. — Monsieu, s'écria-
t-il en entrant, je suis une milord !
— Et moi, monsieur, je suis peintre.
— Yés, yés, je savé céla ; je avé vu

dés Musées à vous. —Vous voulez
dire que vous avez vu de mes ouvrages au Musée ? — Yés, yés, goodem ! il était fortément joli ! et jé
voulais faire mon salon en Musées
comm' ça. — C'est-à-dire que vous
voulez faire une galerie de tableaux ?
— Non, jé disé les murailles dé
ma salone, goodem ! la jolié Musée !
—En ce cas, monsieur, adressez-
vous à un peintre en décors.

Florville eut beaucoup de peine
à faire entendre au noble breton
qu'il ne se chargeait pas de ces
sortes d'ouvrages, et ne parvint à s'en
débarrasser qu'en lui promet ant
de lui envoyer un des plus habiles
artistes de Paris dans ce genre.
Parbleu ! me dit-il, lorsque l'amateur
anglais fut parti, il me vient une

idée plaisante, et qui, pour n'être pas neuve, n'en est pas moins bonne : sous un léger prétexte, je sors demain avec le gros Thomas, mon lourd rival; je le conduis chez milord, qui m'a tout l'air d'un homme passablement crédule, et vous verrez ce qu'il en arrivera. Ah! l'excellent tour! Clémence, ma chère Clémence, si je réussis, tu es à moi. Je demandai en vain à mon nouvel ami quel pouvait être son projet, et en quoi l'Anglais pourrait servir son mariage. Vous le saurez, me dit-il. Je me retirai assez content de ma journée, j'étais, comme gastronome et observateur, dans le lieu de la terre qui me convenait le mieux; et, en effet, cher lecteur, qu'en pensez-vous? Pour un pre-

mier jour, cela ne promet-il pas?
En vérité, dussé-je ne pas obtenir même une sous-préfecture,
je ne regretterais pas le temps que
je passerai à l'hôtel du Nord.

La matinée du lendemain fut
moins féconde en événemens : je
l'employai à visiter quelques curiosités dont je ne dirai rien, attendu que cela n'entre pas dans
mon plan, et que d'ailleurs on ne
manque pas de description de ce
genre.

Je n'eus garde de manquer l'heure
du dîner: trop de raisons m'engageaient à ne pas négliger cette
importante affaire. Soutanon conservait un reste de honte à cause
de ce qui s'était passé la veille,
et la folâtre Laïda ne pouvait, sans

sourire, regarder le fortuné pasteur.
De son côté, Vitali, de plus en
plus tourmenté du désir de convertir, regardait madame Martin et
reportait alternativement ses yeux
au ciel. La vieille coquette, ayant
pris le dez de la conversation, l'a-
mena adroitement sur les prêtres,
prétendit qu'elle avait vu faire à quelques-uns des conversions miracu-
leuses; puis elle ajouta : Vous ne
sauriez croire combien sont extraordinaires les moyens dont l'esprit
divin se sert pour faire entendre sa
voix aux pécheurs les plus endurcis.
—J'en sais quelque chose, s'écria
l'abbé Soutanon, qui, depuis un
instant, cherchait à noyer un reste
de timidité dans d'excellent Lunel :
j'ai fait, moi-même, des conversions

si extraordinaires, qu'il est impossible de ne pas reconnaître tout d'a-
bord le doigt de Dieu. Par exemple
(s'adressant à madame Martin),
vous connaissez ce nécessaire de
voyage, dont je me suis servi
quelquefois à cette table? c'est un
objet précieux, qui a sans doute
coûté beaucoup d'argent : eh bien!
il m'a été donné par une femme des
plus mondaines, qui est devenue
une sainte, sous ma direction. La
confiance que je lui inspirai fut
telle, que, dès la première confession, elle m'avoua qu'elle avait été
infidelle à son mari. Laïda et moi
rîmes beaucoup de la discrétion de
l'abbé; Clémence rougit, madame
Martin baissa les yeux, et son bon
mari se gratta l'oreille. —Morbleu!

monsieur Soutanon , s'écria Florville, c'est-là une des pratiques à
conserver avec soin ; mais jamais je
n'ai mieux senti la vérité de ces vers
de Spagnoli, prêtre et poëte italien :

» Où le vice est sacré, la vertu ne l'est pas;
» Gens de bien, fuyez Rome et ses noirs at-
 tentats :
» Tout s'y vend; l'indulgence ainsi que
 l'anathême,
» Les prières, le ciel, le pontife et Dieu
 même. »

Ce prêtre était un impie, dit l'abbé
Vitali. — Pas tant, Monsieur; mais
c'était un faux frère. Vitali se leva
tout furieux et sortit : madame Martin le suivit de près, et, en quelques instans, la compagnie fut dis-
persée.

Je m'étais retiré dans mon appartement, où j'achevais de rédiger
une lettre à l'un de nos ministres,
afin d'en obtenir une audience, lors-

que j'entendis Florville qui rentrait chez lui : ne sachant où passer la soirée, je montai chez mon nouvel ami, que je trouvai seul et riant de tout son cœur : « Qu'avez-vous donc? lui demandai-je. — Ah! mon cher, l'aventure la plus plaisante, la plus originale.... Vous vous rappelez sans doute que j'avais promis à l'Anglais qui vint me voir hier de lui procurer l'un des artistes les plus distigués, pour faire les peintures de son salon; vous savez encore qu'en sortant tantôt de la salle, je dis quelques paroles à Thomas; mais ce que vous ne savez pas, c'est que je l'invitai à venir avec moi voir une galerie de tableaux : mon rustre ne se fit pas prier, et m'accompagna chez milord. Je laissai mon compagnon dans l'antichambre, et je me présentai seul. — Monsieur, dis-je à l'Anglais, je viens vous proposer un moyen infaillible pour tapisser votre salon en chef-d'œuvres de peintures ; je vous amène un peintre habile : nul autre ne saurait aussi bien que lui remplir vos intentions ; mais c'est un original avec lequel il faut agir de ruse, car il n'est pas aussi souvent disposé à prendre la palette que la bouteille, et dernièrement un riche seigneur fut obligé de l'enfermer, pour le forcer à décorer son salon, qui est maintenant le plus brillant de la capitale. Vous ne sauriez croire combien de ruses cet original employa pour s'échapper ; il prétendit d'abord qu'il ne savait pas peindre ; ensuite il fit de misérables croûtes ; mais le seigneur tint bon, et quand notre homme s'aperçut qu'il n'obtiendrait sa liberté qu'en faisant usage de son talent, il se décida à tra-

vailler. (1)—Goodem ! s'écria notr
Anglais, j'enfermé lui tout de suite
et jé boxé tous les jours. Là dessu
je lui présentai Thomas, qu'il fi
aussitôt entrer dans le salon, et
sous un léger prétexte, je me hâta
de sortir.

Voyez-vous maintenant ce pauvr
Thomas aux prises avec le lour
breton, enfermé pendant au moin
quinze jours, et qui, pour combl
de malheur, perd sa maîtresse ; ca
vous pensez que, pendant ce temps
je vais agir auprès des bonnes gen
Martin.

Florville achevait à peine ce récit
que la porte de son appartemen
s'ouvre avec violence ; madame Martin, tenant dans ses bras l'abbé
Vitali, tombe à la renverse, et ils

(1) Alcibiade, général athénien, usa
du même artifice avec un peintre célèbre.

roulent tous deux sur le plancher;
mais dans un tel désordre de vêtemens, dans une telle position!...
Pour le coup, gare les prudes!...

Vous vous rappelez, cher lecteur,
combien l'abbé Vitali désirait convertir madame Martin, et vous avez
à-peu-près deviné comment cette
dernière voulait être convertie :
elle assurait que les moyens les plus
extraordinaires étaient les plus certains; et, ce soir même, M. Martin
étant sorti pour faire quelques em-
plettes, elle avait invité l'abbé à
passer la soirée avec elle, afin de
s'entendre sur cet objet. Vitali,
auquel les moyens importaient peu,
pourvu qu'il convertît, s'était rendu
à l'invitation; et, tout en conver-
sant, la maligne vieille, qui avait
offert un verre de vin de Madère
à son nouveau directeur, avait soin
de tenir ce verre plein, et puis de

dire : Buvez-donc. — Je bois à votre conversion, Madame, répondait celui-ci ; je bois à votre conversion. L'abbé trouvait le vin délicieux, madame Martin trouvait les raisons de l'abbé excellentes, et puis : Buvez donc, Monsieur l'abbé.

Cependant la vieille minaudait et avançait, en matière de conversions, les propositions les plus extraordinaires ; Vitali, l'œil étincelant, le visage en feu, ne sait bientôt plus ce qu'il fait : une ottomane était là, madame Martin s'était placée dessus, et l'abbé, emporté par son amour pour les conversions, se plaça près de la pénitente. Déjà les vêtemens étaient, par suite des principes de la vieille, dans un assez grand désordre. Dans ce moment, un domestique était entré pour demander les ordres de Madame : cela l'éclaira sur le danger qu'elle

courait ; M. Martin pouvait rentrer,
et , quand une femme est en con-
férence avec son directeur, le mari
ne peut qu'être importun. — Mon
cher abbé, dit celle-ci, nous
sommes exposés à être interrompus
à chaque instant ; faites-moi le plaisir
de me conduire chez vous : la grâce
agit en moi, et je me sens disposée
à la confession. Vitali ne se le fit
pas dire deux fois, il prit la main
de sa pénitente et ils montèrent
ensemble. Malheureusement Bac-
chus et l'Amour s'entendirent pour
tourmenter ce couple vraiment in-
téressant ; l'abbé, sur le cerveau
duquel le Madère agissait, monta
un étage de plus sans s'en aperce-
voir, et madame Martin, dont l'imagination était passablement montée,
ne s'en aperçut pas davantage.
Pour comble de disgrâce, l'abbé
fit un faux-pas ; la lumière qu'il

portait, tomba, s'éteignit, et ils se trouvèrent dans la plus profonde obscurité. Vitali marchait à tâtons, madame Martin étendait aussi les bras à droite et à gauche. Par une fatalité remarquable, sa main décharnée, croyant sentir la clef d'une porte, saisit... Ma foi, que saisit-elle ?... devinez-le, lecteur, car en conscience, je ne saurais aller plus loin. Elle saisit donc... l'abbé est électrisé... le moral se tait, le physique agit... Ils se trouvaient placés près de la porte de Florville, que j'avais négligé, en entrant chez lui, de fermer exactement, et puis, dans l'action... *patatras* !... Voilà le pénitencier et la pénitente qui roulent à nos pieds, vous savez dans quel désordre ; mais vous ignorez ce qui s'en suivit, et, si vous êtes curieux de l'apprendre, le chapitre suivant poura vous satisfaire.

CHAPITRE IV.

Origine des Calembourgs. — Fin de l'aventure précédente.

—

Eɴ fait de scandale, vivent les abbés et les femmes ! Pour mon compte, je leur sais beaucoup de gré ; et j'avoue que, sans les prêtres et les coquettes, je serais souvent très-embarrassé : mais, grâces à Dieu, il n'en manque pas ; et je suis bien sûr que nous ne souffrirons jamais de disette de prêtres, témoin le séminaire de St.-Sulpice, qu'on agrandit tous les ans : tant il est vrai que le monde est peuplé de gens de bien, qui ne se contentent pas d'aller en paradis, et veulent absolument en faire entrer d'autres, par la porte que garde le bienheureux Saint-Pierre!... C'est un grand chambellan que M. saint Pierre ! mais il faut avouer qu'il méritait bien cette place, lui qui fut cause que notre Divin Sauveur fit des calembourgs. — Comment, Monsieur ! Jésus-Christ fit des calembourgs ? — Sans doute, Monsieur ; et quand vous en entendîtes débiter par le célèbre Brunet, vous ne vous doutiez pas que l'origine de ces choses spiri-tuelles remontait si haut. Cela est pourtant, et je le prouve. Le fils de Marie ne dit-il pas à Pierre : *Tu es Pierre, et sur cette pierre je bâti-rai mon Eglise?* Je vous le deman-de, après cela, Potier, Brunet en firent-ils jamais de plus fins, de plus justes ? En vérité, c'est le mo-dèle, le chef-d'œuvre du genre, et on peut dire avec raison, qu'à l'œuvre, on reconnaît l'ouvrier... Mais, je vois bien que mes disserta-tions et mon érudition sur l'origine des calembourgs ne sont pas tout-à-fait de votre goût ; vous attendez avec impatience des nouvelles de l'abbé Vitali et de madame Martin : eh bien ! je vais vous satisfaire.

Nous rîmes beaucoup, en remar-
quant le vêtement nécessaire de
l'abbé dans le plus grand désordre ;
et Florville, qui a l'esprit du moment, courut à la porte, qu'il ferma
promptement : de sorte que les
tourtereaux se trouvèrent en cage.
Après le premier accès de gaîté,
nous songeâmes à porter secours à
ces pauvres amans. Madame Martin, en femme qui sait son monde,
avait pris le parti de s'évanouir ; et
l'abbé, sur le cerveau duquel le Madère faisait un terrible effet, ne sachant quelle contenance faire, était
demeuré immobile, sans s'occuper
seulement de son haut-de-chausse.
Madame Martin eût bien voulu
éviter une explication, et pour cela,
ne songeait pas à reprendre ses sens;
mais Florville n'était pas homme à
laisser ainsi échapper une occasion
qui pouvait lui être des plus favorables. — Vous en reviendrez, belle

dame, lui disait-il, en l'aspergeant abondamment, vous en reviendrez en dépit de vous-même, de M. l'abbé, et de toute la faculté, si elle s'avisait de vouloir vous protéger.

— Mon Dieu! s'écriait Vitali en balbutiant, mon Dieu! que votre volonté soit faite! Qui croirait que mon zèle pour votre gloire est la seule cause de ce qui m'arrive? Mais qui peut pénétrer les desseins de votre divine providence? Et de quels moyens ne vous servez-vous pas pour purifier les âmes? A toutes ces exclamations, nous répondions par des éclats de rire; et enfin, madame Martin, s'apercevant que ses grimaces ne serviraient qu'à doubler les aspersions, finit par s'exécuter de bonne grâce, et se releva, en faisant chorus avec nous. L'abbé, plus déconcerté que jamais, acheva de perdre l'esprit; il entra dans un accès de fureur épouvantable, s'arracha les cheveux, se frappa la tête

contre les murailles, et se mit à briser
les meubles, pour passer le temps.
A tout cela, Florville disait : *bravo!*
et de rire de plus belle : excepté
pourtant madame Martin, qui pensa
s'évanouir une seconde fois.

Cependant M. Martin était rentré, et n'ayant pas trouvé sa chaste
moitié, non plus que messir Thomas, qui n'avait garde de revenir
aussi promptement, M. Martin,
dis-je, montait chez sa fille, lorsqu'étant arrivé au second étage, il
entendit le bruit des glaces et des
porcelaines, que le prêtre italien,
dans sa sainte colère, faisait voler
en éclats. Jugez, cher et indul-
gent lecteur, de l'effet qu'un tel vacarme doit produire sur le tim-
pant d'un propriétaire avare. Il sembla à notre malheureux hôte qu'on
lui arrachait les entrailles. Il oublie
sa femme, sa fille, son neveu Thomas ; il n'entend que l'infernal ca-
rillon, auquel se mêlent des éclats
de rire presque aussi bruyans. Il

s'oriente; le bruit part de l'appartement du peintre, et aussitôt la porte
de la chambre, qui servait de théâtre à cette parade tragi-comique,
résonne sous les coups redoublés de
notre hôte. Jugez alors du désespoir,
de la confusion de la pénitente, du
pénitencier, et faites-vous, si cela
est possible, l'idée du redoublement
de gaîté qui s'empara de Florville
et de moi. — Ouvrez ! s'écriait monsieur Martin. — Au nom de Dieu !
n'ouvrez pas, nous disait l'abbé :
et madame Martin de s'évanouir une
seconde fois.

Cependant notre hôte, dont le
cœur paternel était navré de douleur, menaçait d'aller chercher la
garde, et Florville se décida à lui
ouvrir ; mais, au préalable, il éteignit les lumières ; et, lorsque le patron fut entré, il referma promptement la porte ; puis élevant la voix :
— Messieurs, dit-il d'un ton solen-
nel, il s'est passé ici des choses extraordinaires, des choses capables

de perdre de réputation monsieur et madame Martin ; il m'est encore facile de livrer ces deux époux à la risée du public , et de les rendre tellement ridicules, qu'il soit impossible de prononcer leur nom sans avoir la plus grande envie de rire ; mais il est aussi très-facile d'empêcher que cela arrive jamais. Voici mes conditions : J'adore Clémence ; j'en suis aimé : elle aura une dot considérable. Je n'ai pas de fortune , à la vérité ; mais j'ai du talent ; et je jure de taire ce qui vient de se passer, si M. Martin consent à me donner sa fille. — C'est impossible ! répond notre hôte ; ma fille épousera Thomas. — Vous vous trompez, Monsieur. On peut m'empêcher d'épouser Clémence ; mais je puis , moi, empêcher qu'elle soit jamais madame Thomas ; et votre neveu est tellement persuadé qu'il ne sera jamais l'époux de sa cousine, qu'il a quitté Paris aujourd'hui même.

Pendant ce colloque, l'abbé, tout-
à-fait dégrisé, songeait aux moyens
de se tirer de ce mauvais pas. —
Consentez, dit-il au bonhomme,
ou vous êtes perdu. — Quoi ! monsieur l'abbé, vous ici ! — Mon ami,
dit à son tour madame Martin,
il faut absolument que Clémence
épouse M. Florville.—Et vous aussi,
Madame ! vous, chez un jeune homme ! Au nom de Dieu ! que signifie
tout cela ? — Silence ! reprit Florville ; obéissez, ou préparez-vous
à être immolé par le glaive du plus
odieux ridicule : je vous donne cinq
minutes pour vous décider.

Le vieil hôtellier était anéanti :
il eût bien voulu trouver quelque
biais ; mais, malheureusement, il
avait l'imagination très-étroite ; et,
cédant enfin aux vives sollicitations
de sa vertueuse épouse, il promit
tout ce qu'on voulut, à condition
qu'on paierait les meubles brisés.
L'abbé assura qu'il se chargeait de

cette bagatelle; et comme, pendant
cette discussion, il avait enfin mis
le vêtement nécessaire où il devait
être, Florville alluma une bougie;
et, sans désemparer, rédigea une
promesse de mariage, qu'il fit si-
gner à son futur beau-père. Ce point
important terminé, M. Martin vou-
lût qu'on lui expliquât ce qui s'était
passé, pourquoi sa femme et l'abbé
se trouvaient chez le peintre; pourquoi les glaces de l'appartement
étaient brisées, et quel rapport avait
tout ce tintamarre avec le mariage
de sa fille. —Un jour viendra, lui
lui dit madame Martin, qui n'était
pas femme pour rien, un jour viendra, où cet important secret pourra
vous être dévoilé; mais, pour le moment, il est important qu'il ne soit
connu de personne.

Le bonhomme voyant qu'il n'en
pourrait savoir davantage; car Madame ne revenait jamais sur ce
qu'elle avait prononcé, et son mari

était accoutumé à cela, voyant,
dis-je, qu'on était décidé à garder
scrupuleusement le secret, même
avec lui, il se résigna de bonne
grâce, et se consola, en pensant
que l'abbé *paierait les pots cassés.*

Du scandale! encore du scandale!
je vous en ai promis, lecteurs; et,
de bonne foi, on ne peut m'accuser
de ne pas tenir parole... Mais il se
fait tard, finissons vîte cette journée. M. Martin se retira à demi-
content; sa fidèle compagne ne l'é-
tait pas davantage; le prêtre Vitali
regagna son appartement en bais-
sant l'oreille, et

Honteux comme un renard qu'une poule
    aurait pris,

Florville et moi étions les seuls
qui nous réjouissions de l'aventure.
Nous en rîmes encore quelques instans, après quoi nous nous séparâ-
mes, pour nous livrer au sommeil,
dont nous avions besoin.

En me mettant au lit, je pensai à madame Danville : cette veuve m'avait paru charmante. Je ne me sentais point entraîné vers elle par une passion ardente ; mais je me plaisais à admirer ses grâces, son esprit : enfin, il me semblait qu'il était impossible de ne pas être heureux, en possédant une femme qui réunissait de belles formes aux qualités du cœur et de l'esprit ; et je m'endormis en bâtissant, à ce sujet, les plus beaux châteaux en Espagne. –Bon soir, ami lecteur ; à demain la suite, si cela peut vous être agréable.

CHAPITRE III.

L'Abbé Vitali quitte l'hôtel. —
Florville est arrêté et mis en li-
berté le même jour. — Nouveaux
personnages.   Toujours du
scandale! — Mariages projetés

En vérité , je suis un mortel aimé
des dieux ! A un excellent dîner
avait succédé la comédie la plus
plaisante ; celle-ci avait fait place au
plus doux sommeil, pendant lequel
les songes les plus agréables m'a-
vaient bercé de leurs riantes ima-
ges. Le réveil vient, l'illusion s'éva-
nouit ; mais un succulent déjeûner
est prêt, et je passe du lit à la table.
Peut-on se faire l'idée d'une vie plus
heureuse ? Je tiens cela pour impossible. C'est là le paradis, ou je ne suis
qu'un sot.

Après le déjeûner, je montai chez

le jeune peintre, car désormais
nous sommes inséparables : c'est
entre nous, *à la vie, à la mort,*
comme disait le bon Henri. —
Grande nouvelle! me dit Florville ;
l'abbé Vitali a compté ce matin avec
notre hôte, et il est délogé sans
tambour ni trompette : Clémence
elle-même, que j'ai vue ce matin,
m'a appris cela ; de mon côté, je me
suis hâté de lui annoncer que ses parens consentaient à nous unir... O!
mon ami, si vous l'aviez vue, quelle
joie!... quels transports!.... O!
mon Dieu! le bonheur m'écrase; je
crois que, s'il était possible qu'il fût
porté à un plus haut degré, j'en
mourrais.... Mais que faites-vous
ce matin? — Je ne sais; j'attends
une réponse du ministre. — Bon!
croyez-vous que S. Ex. se presse si
fort de répondre ? ce serait compromettre sa dignité... Faisons-nous
un tour au Palais-Royal? — Volontiers. Et nous voilà partis. A peine

étions-nous à dix pas de l'hôtel,
qu'un huissier, deux recors et un
gendarme nous cernent de toutes
parts.—Au nom de la loi! dit l'huissier, en s'adressant à Florville, je
vous ordonne de me suivre. — C'est
juste, répondit mon ami; mais vous
jouez de malheur. Quinze jours plus
tard, j'épousais une riche héritiére,
et je payais mes dettes. Allons, con-
tinua-t-il, faites avancer un fiacre
et partons.

Jusque-là, la surprise m'avait
empêché de parler; mais je recou-
vrai enfin la parole. — Comment!
mon ami, serait-il impossible d'arranger cette affaire ? — Pardon, c'est
au contraire la chose du monde la
plus facile : il s'agit d'une bagatelle;
cent louis que je dois à mon tailleur.
—Comment! mais c'est une mi-
sère; je ne souffrirai pas que....
Pendant ce temps le fiacre était arrivé. L'huissier, qui comptait sur le
produit de cette capture, ne voulut

rien entendre, et dit qu'on pourrait s'arranger à Sainte-Pélagie. Florville monta gaîment en voiture, en me priant de ne pas l'oublier, et moi je retournai à l'hôtel, plus tristement que je n'en étais sorti. Malheureusement je n'avais pas la somme en espèces ; il m'eût fallu passer le temps à courir chez les banquiers sur lesquels j'avais plusieurs lettres-de-change, et je brûlais de briser les fers du jeune peintre.

Dans ce moment, je pensai à madame Danville : elle seule pouvait me secourir ; et, sans balancer, je monte à son appartement. Je remarquai que, lorsqu'elle m'aperçut, un rouge subit colora son beau visage, et cela me fit un plaisir difficile à décrire. Je racontai à la charmante veuve tout ce qui s'était passé la veille dans l'appartement de Florville. Sa pudeur s'alarma un instant, et me contraignit à glisser légèrement sur certaines circonstances.

Mais lorsqu'elle sut que mon jeune ami était privé de sa liberté, elle ne me permit pas de rester davantage près d'elle, où pourtan' je me trouvais si bien, que je maudis et donnai au diable les huissiers et les créanciers, qui me forçaient de négliger l'amour pour consoler l'amitié. — Voilà la somme, me dit cette charmante femme; ne perdez pas un instant.

Je voulais sortir, et je ne sais quel charme me retenait : mon visage était en feu. Je balbutiai un *j'aime ;* et, tombant aux genoux de madame Danville, je saisis une main que je couvris de baisers, et que, dans le trouble où elle était elle-même, l'aimable veuve ne songeait pas à retirer. Enfin, j'obtiens un demi-aveu, et je vole briser les fers de mon ami, qui me félicite de ma charmante conquête.

Lorsque nous arrivâmes à l'hôtel du Nord, le dîner était servi; et l'abbé Soutanon, jaloux de nous faire admirer la magnificence du nécessaire de voyage dont il nous avait parlé la veille, l'avait descendu pour s'en servir pendant le repas. La conversation était très-languissante ; mais, en revanche, les yeux étaient éloquens. Je regardais madame Danville, et j'étais heureux ; Florville regardait Clémence, et il était heureux ; Soutanon regardait Laïda, et... était-il heureux ?... Ma foi, je n'en sais rien ; mais ce que je sais fort bien, c'est que monsieur et madame Martin, qui ne se regardaient pas, paraissaient assez mécontens l'un de l'autre, lorsque le bruit d'une chaise de poste, et les coups de fouet des postillons vinrent réjouir les oreilles de M. Martin : rien n'était plus capable que cette musique de dissiper le nuage qu'avait enfanté la scène de la veille.—Allons vîte, Pierre! François! ce sont des voyageurs ; en vérité,

ils ne pouvaient arriver plus à propos : M. Vitali est parti ce matin
et voilà son appartement occupé ;
ce que c'est pourtant que de savoir
mener sa barque ! on se fait une
réputation ; les étrangers abondent
et on arrondit son petit capital. Tout
en parlant de la sorte, notre bon
hôte se trémoussait et ne faisait rien ;
c'était la mouche du coche, du bon
La Fontaine. Cependant la chaise
est entrée dans la cour ; un homme
d'environ cinquante ans , et une
femme qui n'en avait pas vingt-cinq,
mettent pied à terre, et le premier
soin de M. Martin est de les conduire à la salle à manger. Des gens
fatigués mangent peu, et c'est toujours douze francs de gagnés ; notre
bon hôte était un calculateur trop
profond pour ne pas sentir cela tout
d'abord. Tous les convives avaient
les yeux fixés sur les nouveaux
venus, et chacun disait son mot ;
mais lorsqu'ils prirent place à la

table, le silence régna de nouveau.
La voyageuse, d'une belle taille,
d'une figure agréable, paraissait
fort timide, et osait à peine lever
ses belles paupières ; mais tout-à-
coup ses yeux se fixèrent sur l'abbé
Soutanon , et se levant avec vivacité :
— Je ne me trompe pas, s'écria-t-
elle ; c'est vous M. l'abbé !... que
suis aise de vous revoir !... —Vous
connaissez Monsieur? dit le voyageur
un peu surpris. — Sans doute, mon
ami ; ne vous rappelez-vous pas qu'il
y avait à peine six mois que nous
étions unis, lorsque M. l'abbé Soutanon vint en mission dans notre
endroit? Eh! tenez, ajouta-t-elle,
voici le nécessaire que je vous char-
geai d'acheter et dont je fis cadeau
à cet excellent directeur, pour le
remercier des conseils salutaires
qu'il voulut bien me donner...
A ces mots, un rire convulsif s'empara de tous les auditeurs. L'abbé
et les nouveaux venus étaient les

seuls qui ne riaient pas.— Que si-
gnifient ces impertinens éclats, s'é-
cria M. Fourmont? (c'est le nom du
nouveau venu...) Et le rire de
recommencer de plus belle. L'abbé
était sur les épines; madame Fourmont, qui commençait à soupçonner
une partie de la vérité, n'était pas
beaucoup plus à son aise, et le
mari... comme il y en a tant,
les yeux étincelans de fureur, ne
cessait de crier: Que signifie tout
céla?... j'aurai raison de cette in-
solente gaîté.— Eh! Monsieur, lui
répondit Florville, nous vous ferons
tantôt toute la raison que vous voudrez; mais, pour le moment, nous
voulons rire, et morbleu! nous rirons
en dépit de tous les..... maris du
monde. Cette hésitation entre l'article et le nom, que Florville avait
affectée, n'était pas propre à dimi-
nuer la gaîté des convives; aussi
les éclats de rire recommencèrent-
ils à faire résonner l'appartement.

Madame Fourmont avait, à plusieurs
reprises, changé de couleur, et
j'avoue que je partageais toute la
peine que lui causait une aventure
qui n'était pas plaisante pour tout
le monde... C'est qu'elle était bien,
fort bien, madame Fourmont!..
et l'effet d'une jolie figure, sur le
cœur de l'homme, est connu. J'avais
sans cesse les yeux fixés sur la
charmante madame Danville, et
pourtant j'avais remarqué la beauté
de la nouvelle venue... Oh!...
les hommes!... les corsaires!...
et puis, aimez donc ces monstres-là !
Cependant on ne peut toujours rire,
et les joyeux éclats, à la fin, se calmè-
rent. Vous eussiez vu alors M. Fourmont prendre un air de gravité qui
lui convenait beaucoup mieux que
le ton de fanfaron qu'il avait d'a-
bord affecté ; c'est que, pendant la
seconde explosion de gaîté, M. Fourmont avait réfléchi qu'il ne convenait pas à un maire (car il est

temps de dire que ce bon époux
était maire de la ville de B.), il
avait, dis-je, réfléchi qu'un magistrat
de son importance ne devait pas
compromettre ainsi sa dignité ; que
d'ailleurs quelques-uns des convives
avaient l'air de gens à tuer leur
homme, sans se soucier du *qu'en
dira-t-on ?* et puis jugez donc quelle
perte pour les habitans de B. ! Voilà
bien des raisons pour ne se point
battre : aussi notre magistrat ne se
battit point. — « Messieurs, dit il en
élevant la voix, si je n'écoutais que
mon courage, ce serait dans le sang
que je laverais l'insulte que vous me
faites ; mais je suis époux, père et
de plus magistrat. Comme époux,
je me dois à la jeune compagne qui
m'a choisi pour soutien ; comme
père, ma vie doit être consacrée à
l'éducation de mes enfans ; et comme
maire, c'est à mes administrés que
je dois compte de tous les instans
de ma vie. J'ose donc espérer,

Messieurs, que vous voudrez bien
vous justifier par une explication
paisible des ris immodérés qui m'ont
singulièrement offensés. »

On n'écouta pas ce discours sans
laisser percer encore quelques accès
de gaîté; mais à peine M. le maire
avait-il achevé, que, regardant sa
charmante compagne, je vis une
larme briller sur la plus belle pru-
nelle du monde... Je le demande,
quel est le cœur de bronze qui
n'eût été attendri? — Monsieur,
m'écriais-je, rien n'est plus juste
que votre demande, et l'explication
que vous demandez est des plus
simples. A ces mots, je vis tous les
regards s'arrêter sur moi; chacun
semblait impatient de savoir comment je parviendrais à concilier tout
cela; car on pensait bien que je
n'aurais pas la cruauté de sacrifier
la jeune épouse de M. le maire.
— « Mon ami, continuais-je, était en
discussion avec M. l'abbé, auquel

il soutenait qu'il n'y avait que les vieilles femmes qui fussent dévotes, M. l'abbé assurait qu'il en avait connu, qu'il en connaissait même encore de jeunes, de très-jeunes et de très-aimables : les deux antagonistes s'échauffèrent ; l'un offrit de parier, l'autre accepta, et on en était là lorsque vous arrivâtes, et que Madame déclara que l'abbé Soutanon était un directeur dont elle faisait beaucoup de cas. Cette reconnaissance, Messieurs, décide la question ; mais M. le maire conviendra que l'aventure est des plus plaisantes, et, comme un magitrat doit connaître les hommes, il sentira qu'il n'en faut pas tant pour faire rire des français. » A peine eus-je achevé, que des bravos se firent entendre ; M. Fourmont fit chorus en riant à son tour de la meilleure grâce du monde ; la jeune épouse me remercia par un coup-d'œil qui disait plus que bien des phrases, et M. l'abbé, lui-même, reprit tout son à-plomb.

Le repas terminé, tous les convives se levèrent ; Florville était
trop heureux et trop amoureux pour
quitter sa Clémence, et il resta chez
son futur beau-père : les nouveaux
hôtes se retirèrent dans leur appar-
ment, l'abbé Soutanon partit pour
l'église, Laïda pour le théâtre, et
moi j'offris bien timidement mon
bras à la belle veuve, près de laquelle
je me proposais de passer la soirée.
Nous parlâmes de notre amour ; ce
que nous dîmes, chacun de nous
le trouva charmant ; mais si je m'a-
visais de rapporter notre conversation au lecteur, je courrais grand
risque de le faire bâiller, à moins
pourtant qu'il ne fût amoureux ;
mais comme, dans cette dernière
hypothèse, il peut en dire tout autant
à sa maîtresse, je lui ferai grâce de
notre conversation, de ces riens qui
disent tant, de ces réticences qui
laissent à l'objet aimé le plaisir de

deviner la pensée..... Enfin j'é-
tais amoureux fou... oui, fou; car certains philosophes prétendent qu'il
faut avoir perdu la raison pour se
marier; eh bien! je sollicitai la
main de madame Danville plus ardemment qu'une préfecture.....
Qu'on dise après cela que l'amour
est une chimère !... J'étais aux genoux de l'aimable veuve, je les
pressais de mes lèvres, et je jurais
de ne pas quitter cette posture que
l'époque de notre union ne fût fixée.
Madame Danville, émue, trem-
blante, enfin dans une situation qui
ressemblait assez à la mienne, ne
pouvait me tenir long-temps rigueur; elle laissa échapper un *mon
ami*... *mon cher Auguste !*.. Son
cher Auguste ! je recueille sur ses
lèvres de rose ces tant douces paroles... de tendres baisers voltigent... quel instant délicieux !...
Ciel! la porte s'ouvre! c'est M et Mme.
Martin, et dans quelle posture nous

trouvent-ils?..... Cependant madame Danville ne se trouble pas, et,
se dégageant doucement de mes bras,
elle s'avance pour recevoir la visite
du couple suranné. M. Martin était
demeuré la bouche béante et les
bras pendans; sa charitable moitié
laissait assez percer la joie qu'elle
ressentait de nous avoir surpris en
tête-à-tête; il semblait que cela di-
minuât la honte qu'elle avait de la
scène dont elle et l'abbé Vitali étaient
les principaux acteurs. Enfin, elle
prit la parole : Madame, dit-elle,
nous venions vous faire part du
mariage de notre fille Clémence
avec M. Florville. — Je vous en félicite, répondit ma charmante veuve;
vous ne pouviez arriver plus à propos; car M. Auguste et moi nous
nous disposions à descendre chez
vous pour vous annoncer notre pro-
chaine alliance. » Ces paroles sur-
prirent tellement M. et madame
Martin, qu'ils ne trouvèrent pas un

mot pour nous complimenter ; mais moi ! que devins-je, lorsque j'entendis ces paroles ? Je fus, s'il est possible, encore plus étonné que nos hôtes ; l'excès de ma joie fit sur moi le même effet que la surprise avait produit sur eux ; et, malgré tous mes efforts, je ne pus que balbutier quelques paroles inintelligibles.

Cependant M. Martin, calculateur avant tout, se remit le premier ; pendant cette scène muette, il avait compté que, si les deux repas de noces n'en faisaient qu'un, il serait facile de nous en faire supporter tous les frais : « C'est cinq-cents francs de gagnés, se dit-il ; à cinquante pour cent, cela fait juste deux cent cinquante francs de rente, et voilà toujours pour les mois de nourrice du premier-né. » N'avais-je pas raison de vous dire que notre hôte était un profond calculateur ? Cette opération d'arithmétique terminée,

il nous proposa de choisir pour notre
union le jour même qu'il avait pris
pour celui de sa fille : nous y con-
sentîmes avec joie, et chacun se
retira pour prendre quelque repos,
et songer au plaisir de cette double
fête.

CHAPITRE VI.

Arrivée de la famille Le Gai.
— Dernière scène scandaleuse.
— Fin de l'aventure de M. Tho-
mas.

QUANT à moi, je ne dormis point;
j'avais bien autre chose à faire: ne
fallait-il pas écrire à ma mère, à ma
sœur, à mon oncle le procureur,
à mon cousin l'abbé ? ne fallait-il
pas leur faire part de mon bonheur, les inviter aux noces? Ce fut
à cette agréable occupation que je
passai la nuit, et, à la pointe du
jour, j'envoyai un exprès avec ordre
de ne ménager ni les chevaux, ni
l'argent, et de faire la plus grande
diligence.

Une partie de la journée se passa
en visites chez tous les locataires de
l'hôtel, que nous invitâmes à être

des nôtres pour le grand jour , **et**
l'autre partie se partagea entre les
plaisirs de la table , auxquels l'a-
mour ne m'avait pas fait renoncer ,
et ceux de la promenade , que nous
fîmes au parc de Mousseaux. Quel
séjour enchanté pour des amans!
On s'égara deux à deux dans les délicieux bocages , et bientôt je pus,
sans contrainte, serrer contre mon
cœur celle qui le remplissait tout
entier ; mais l'heure de goûter le
bonheur suprême n'était pas encore
venue , et la charmante veuve résis-
ta à mes transports. Je ne sais si
Florville et sa chère Clémence furent aussi sages; mais, lorsque tout
le monde se retrouva, ces jeunes
gens me parurent avoir le visage
très-animé. Qu'importe, après tout ?
Un peu plus tôt , un peu plus tard ,
le sacrement par dessus, et puis tout
est légitime.

Lorsqu'on devient amoureux, la
gaîté disparaît, et je crains beau-

coup que le lecteur ne s'accommode
pas de mes amours, qui, j'en con-
viens, n'ont rien de neuf... Allons,
morbleu! retrempons notre verve.
A moi! Momus!... Au diable le
sentiment, ou mieux la sensibloma-
nie... et vive la joie!

L'amour qui, à ce qu'on assure,
empêche de manger et de dormir,
n'avait pas, fort heureusement, produit chez moi cet effet. Je soupai
de bon appétit; et, il ne fallut pas
moins qu'un bruit infernal pour me
réveiller. Ami, je devine ton impatience de savoir ce qui faisait tant
de tapage, et je me hâte de te l'apprendre :

Mon courrier avait été comme le
vent; il était arrivé au sein de ma
famille précisément après le dîner.
Comme moi, mes honnêtes parens
sont fort amateurs du bon vin et de
la bonne chère. Le Soterne et le
Chambertin avaient un peu troublé
toutes les cervelles, lorsqu'on reçu

mes dépêchés, qui furent lues à haute voix. Mon cousin l'abbé proposa en riant de partir tous ensemble pour Paris. On était monté sur le ton de la plus grande gaîté : tout le monde trouva la proposition charmante; on monta pêle-mêle dans plusieurs voitures; on prit la poste, et puis, vogue la galère! Vous devinez maintenant que le bruit dont je vous parlais tout-à-l'heure était causé par l'arrivée subite de toute ma famille à l'hôtel du Nord. Bien que tous parlassent en même-temps, je reconnus promptement mon monde, au son de la voix. Ma bonne mère avoit oublié son *ridicule*; mon oncle se plaignait qu'on eût froissé sa perruque, et mon cousin l'abbé avait perdu son bréviaire. Tout cela n'était rien ; mais il fallait loger tout ce monde, et l'hôtel était plein. M. Martin suait sang et eau, pour faire entendre au procureur qu'il n'avait pas d'appartement libre. Mon bon oncle n'entendait rien, et ra-

justait de son mieux l'énorme perruque qui couvrait son chef pelé. En
un instant, tous les locataires parurent aux fenêtres, et moi je descen-
dis précipitamment pour recevoir
ces bonnes gens. — Parbleu ! dit mon
cousin l'abbé, en s'adressant au
maître d'hôtel, qui ne cessait de
crier qu'il n'avait pas de place, nous
logerons tous ensemble. — Bravo!
s'écria Florville, qui, comme les
autres, était à sa fenêtre; bravo! et
il vint aussitôt nous rejoindre.

Les conventions furent bientôt
faites. Il fut arrêté que ma mère et
ma sœur logeraient chez ma charmante future; que mon oncle le procureur partagerait mon appartement, et que mon cousin l'abbé
habiterait une des deux pièces qu'occupait le jeune peintre.

La journée se passa aussi gaîment
que les précédentes; mais nos voyageurs se trouvant fatigués se retirèrent de bonne heure, et tous les autres commensaux en firent autant.

Cependant mon cher cousin, qui n'avait pas l'habitude de courir la poste, ne tarda pas à se sentir incommodé; et il reconnut qu'il avait eu tort de se mettre en route immédiatement après un bon dîner; mais la réflexion était un peu tardive, et ne diminuait point les colliques affreuses qu'il ressentait. Enfin, sur les deux heures du matin, *certain besoin* le forçant de se diriger vers *certain lieu*, il se leva et commença à marcher à tâtons. Ne pouvant trouver la porte, et le besoin allant toujours croissant, il appela Florville : celui-ci ne répondit pas, *et pour cause*. L'abbé s'avança vers le lit du peintre... O surprise! ce lit est vide. Mon cousin, pressé de plus en plus, ne sait à quel saint se recommander : il croit s'élancer vers la porte... *Patatras!* une table chargée de bosses se trouve sur son passage, et fait en tombant un bruit épouvantable. Enfin, il tourne la clef et le voilà dans le corridor, mais sans être pour cela beaucoup plus avancé, car la nuit est des plus sombres. Après avoir erré quelque temps d'étage en étage, il croit entrer dans un des cabinets, lorsque des cris de *qui va là? nous sommes perdus !* se font entendre et le glacent d'effroi.

Cependant plusieurs des locataires, éveillés en sursaut par le bruit des bosses, s'imaginèrent que quelques voleurs s'étaient introduits dans l'hôtel; et, un pied chaussé et l'autre nu, ils sortirent, pour voir jusqu'à quel point leurs conjectures étaient fondées. Ils arrivent avec des bougies jusqu'à la chambre de Clémence... Quel tableau ! Florville et mademoiselle Marlin sous la même couverture, et mon cousin l'abbé, en chemise, en sandales, et droit comme un cierge près de la couche des amans. Clémence se cacha le visage dans le sein de son amant; l'abbé revint de sa peur; les voisins rirent, et tout s'expliqua.

« Messieurs, dit Florville, aujourd'hui, j'ai peut-être tort; mais dans trois jours j'aurai raison. Dormez tranquille, demain nous signerons le contrat. En effet, dès le lendemain, les deux contrats furent signés; et, comme S. Ex. ne jugea pas à propos de faire de moi un préfet, je m'en consolai, en épousant mon aimable veuve, avec laquelle j'espère être long-temps heureux. Florville épousa, le même jour, sa Clémence: il paya ses dettes, fit bon ménage, et nous sommes encore amis.

Mais j'entends d'ici quelques réclamations. Qu'est devenu, me demande-t-on de toutes parts, qu'est devenu votre monsieur Thomas? C'est juste, lecteur, j'avais oublié de vous en dire deux mots. Vous vous rappelez que Florville l'avait laissé dans le salon de l'Anglais. Ce dernier invita d'abord notre rustre, aussi poliment qu'il lui fut possible, à déployer tout son talent pour décorer son salon. Thomas, qui s'atten-

dait à voir des tableaux, crut qu'on
se moquait de lui, et se mit à rire le
plus niaisement du monde; mais
lorsque le Breton vit qu'il fallait
avoir recours aux grands moyens,
il enferma le digne neveu de monsieur Martin, et pendant environ
quinze jours, lui fit distribuer ré-
gulièrement tous les matins, une
centaine de coups de poings sur la
figure, pour l'engager à faire usage
de ses talens. En vain le malheureux jurait-il ses grands dieux qu'il
ne savait pas peindre, John, le cocher de milord, n'en boxait pas
moins vigoureusement. Enfin, étant
un jour parvenu à tromper la vigi-
lance de son gardien, le pauvre
Thomas s'enfuit, et prit aussitôt le
chemin de son hameau, en se pro-
mettant bien de ne jamais revenir
dans un pays où l'on voulait faire
peindre les gens malgré eux, et où
on leur montrait des *couleurs* à
coups de poings.

FIN.

L'HÉRITIER,

ou

HUIT JOURS EN PROVINCE.

CHAPITRE PREMIER.

—

Le départ. — Tableau d'une petite ville. — Les Rats de cave.

L'ennui naquit un jour de l'uniformité.

C'est là une vérité incontestable; rien de plus insipide qu'une vie uniforme.

J'habite Paris; je bois, je mange, je dors, je vais aux spectacles; j'ai des maîtresses, elles me trompent : rien que de très-ordinaire dans tout cela, et je sais telles personnes qui trouveraient ce genre de vie très à leur gré ; mais demain, dans huit jours, dans six mois, dans dix ans, je boirai, je mangerai, j'irai aux spectacles, j'aurai des maîtresses et je serai trompé. En vérité, cela est insipide, insoutenable ; j'aurai vécu cinquante ans sans connaître le plaisir, parce que le plaisir est l'ami du changement, et qu'il voltige sans cesse... Eh bien ! morbleu ! prenons la poste, et courons après lui. Telles étaient les réflexions que faisait en s'éveillant, benin lecteur, votre serviteur le vicomte de Joyeuse (c'est le nom de ma seigneurie), et j'étais bien décidé à courir quelque peu le pays, lorsque Labranche entre chez moi ; et vous saurez, ami lec-

teur, que Labranche est un valet
à la mode, qui, à l'instar du célèbre
Gilblas, a juré de ne servir que de
jeunes seigneurs : il me présente,
avec l'air du monde le plus satisfait,
une lettre qui, dit-il, doit m'apprendre quelqu'heureuse nouvelle, car
elle est cachetée de noir. A la vérité,
une bonne succession est ce qui peut
m'arriver de plus heureux ; car je
me rappelle qu'il y a huit jours que
j'ai vendu ma dernière terre........
Quatre cent mille francs, c'est si
peu de choses !..... Un quart à ma
jolie danseuse, un quart à mes gens,
un quart au boston, et puis il faut
vivre pendant huit grands jours.....
Et il me reste à-peu-près deux cents
louis. Mais voyons, que m'annonce
cette lettre...? Parbleu ! cela ne pou-

vait arriver plus à-propos ; mon
oncle vient de mourir ; il laisse à
son cher neveu quatre-vingt mille
francs de revenu. — Ah ! monsieur,
l'excellent oncle que vous aviez-là!
Il faut vîte envoyer votre intendant
recueillir cette aubaine, et puis....
— Non pas, s'il vous plaît, monsieur
Labranche ; je suis las de vivre à
Paris : il me prend envie d'essayer
de la Province, l'occasion ne saurait être plus favorable ; ainsi, ma
chaise, des chevaux de poste, et
dans six heures nous serons à G.. On
dit que c'est une petite ville charmante, la société en est choisie;
d'ailleurs, on assure que les maris
y sont aimables, les filles vertueu-
ses, et les femmes fidèles ; tu con-
viendras que voilà de quoi piquer la

curiosité, et je suis certain de goûter
là un plaisir...... — Oh! oui, monsieur, un très-grand plaisir!—D'a-
bord je me leverai chaque matin
avec le soleil, afin de parcourir les
bois, les prairies des environs; là
j'entendrai chanter l'amoureux rossignol, la tendre fauvette; je verrai
de jeunes pâtres cueillir des fleurs
champêtres, et en orner ensuite le
sein de quelque gentille et timide
bergerette : voilà pour la matinée.
Je rentre chez moi, je fais toilette;
madame la comtesse, monsieur le
chevalier ont des filles charmantes,
non pas comme nos usées et coquettes parisiennes; elles ne sont
pas si vives, si enjouées, si folles;
mais leur maintien annonce la mo-
destie, la pudeur est peinte sur leur

beau visage, et l'innocence réside
dans leur cœur neuf encore.......
Après un excellent dîner, promenade dans de délicieux jardins ; enfin,
le soir, de la musique, un boston,
quelquefois un bal..... Peut-on se
faire l'idée d'un passe-temps plus
agréable ? Je te le demande, Labranche. — Ma foi, monsieur, vous
pouvez avoir raison ; mais vous avez
achevé votre tableau ; voici le mien :
G. doit ressembler à toutes les petites villes, et par conséquent il est
composé de maisonnettes, dont la
plus haute a deux étages ; les rues
sont larges, irrégulières et mal pa-
vées ; et si nous arrivons le soir dans
ce charmant séjour, nous courrons
grand risque de faire quelque culbute, car il n'y a que deux réver-

béres, dont un à la porte de monsieur le maire, et l'autre à celle du
juge de paix. Le matin, vous vous
arracherez des bras du sommeil, et
vous quitterez ainsi un plaisir réel,
pour courir après un plaisir ima-
ginaire. Les matinées sont froides,
les rosées sont abondantes : vous
soufflerez sur vos doigts en écoutant
le rossignol, tandis que la rosée vous
mouillera les jambes. Quant aux
tendres bergers, aux timides bergerettes, je suis forcé de convenir
que tout cela est charmant dans les
pastorales de Florian; mais aux environs de notre petite ville, vous
verrez quelques lourdauds qui n'eurent jamais rien de commun avec
Némorin ; et les *bergerettes* de
nos jours sont tout simplement de

grasses fillettes de basse-cour, qui répondent par de bonnes taloches aux grossières douceurs de leurs rustiques adorateurs. Il est vrai que vous ne serez pas tenu de voir tout cela, et que votre petite ville vous offre une société plus agréable : par exemple, madame B... aura une grande fille bien modeste, bien timide, bien gauche, et s'il vous prend envie de lier avec elle quelque tendre entretien, vous serez enchanté d'entendre sa belle voix articuler des : *oui, monsieur, non, monsieur.* Oh ! la délicieuse conversation !..... S'il vous arrive de lui dire qu'elle est charmante, vous aurez tout de suite un : *monsieur, cela vous plaît à dire*, ou bien, *vous êtes bien honnête, monsieur.....* Eh bien ! di-

rez-vous, je me dédommagerai en
faisant bonne chère..... Bonne chère
dans une petite ville ! dans un pays
où l'art de Beauvilliers ne fut jamais
connu ; où l'on vous servira des
huîtres sans citron, un chapon rôti
sans cresson, et l'entre-mêt avant le
rôt ; où on ignore qu'il est impossible à des gens comme il faut de
manger deux mêts différens en se
servant du même couteau, de la
même fourchette ; où l'on ignore
qu'on ne boit d'excellent Beaune
que dans des verres en barril , de
bon Soterne que dans des verres
en tulipe, et de divin Champagne
que dans des verres longs et pointus !
enfin , je suis sûr que ces bons pro-
vinciaux ne se doutent pas qu'on ne
prend point de bon café, s'il n'est

fait sans ébullition.... Ah! monsieur, que je vous plains! que je vous plains!.— Et moi, mon cher Labranche, je suis enchanté de tout ce que tu débites depuis un quart-d'heure. Pense-donc, mon ami, que si tout se passait précisément comme à Paris, ce serait à mourir d'ennui. Que vais-je chercher en Province? Du changement, et il me paraît que je serai servi à souhait. Allons, vîte, des chevaux, et partons: il me tarde au reste de palper les espèces dont j'ai, tu le sais, un pressant besoin. Labranche voulait répliquer, faire quelques observations; mais mon parti était pris, un coup-d'œil coupa la parole à ce nouveau maître Jacques, et nous voilà roulant vers la petite ville....... Ma foi! Labranche l'avait bien dit : il est dix heures du soir, nous entrons dans G....; pas un réverbère, pas une seule personne dans les rues, et à peine avions-nous fait cent pas, qu'une charette, placée sur le milieu du passage, s'embarrasse dans les roues de ma chaise, et puis patatras !.... Les chevaux d'un côté, le postillon de l'autre, la voiture sans dessus dessous, et nous dedans. La rue, qui, jusque-là, avait paru déserte, fut en un instant peuplée d'une foule de curieux, et une douzaine de lanternes vinrent éclairer notre désastre. Heureusement nous en sommes quittes pour quelques contusions; et pour des gens qui viennent hériter de quatre-vingt mille francs de rente, la grande perte, qu'une voiture brisée !.... J'en

briserais dix seulement pour avancer d'un jour l'heureux moment de
palper les espèces. Nous avions versé précisément en face de l'hôtel
du *Grand Monarque*, où logent or-
dinairement les *Petits seigneurs*,
qui, comme moi, sont forcés de
faire quelque séjour à G... Notre accident avait éveillé tout le quartier;
et M^r. et madame Hilaire, les hôtes
du Grand-Monarque, n'avaient pas
été des derniers à mettre le nez à la
fenêtre : du geste et de la voix ils
encourageaient leurs gens à nous
secourir; et tandis que ceux-ci ai-
daient au postillon à se remettre en
selle, nous entrâmes, Labranche
et moi, chez M. Hilaire. — Vîte,
François, le grand appartement
pour Monsieur. François se frotte

les yeux, et tout en baillant, nous fait monter un étage. Nous entrons dans un appartement gothique, mais propre. Le lit était assez bon, pour un lit d'auberge ; et, à peine étendu dedans, le sommeil vint appesantir ma paupière.

Je dormais encore, lorsqu'un bruit épouvantable se fit entendre et m'éveilla. Le bruit allait croissant; au milieu de bruyans éclats de rire, je distinguai quelques cris aigus. Je regarde à ma montre : pas encore quatre heures ; et aussitôt je sonne à tout rompre, pour m'informer de ce qui causait cette rumeur : La-branche entre en se tenant les côtes à force de rire. — Eh bien ! M. La-branche, me direz-vous ce que si-gnifie ce tapage infernal, et quel démon, jaloux de mon repos, fait ainsi battre les gens dès le matin?— Parbleu ! monsieur, c'est vous qui êtes cause de tout cela. — Moi! — Certainement : s'il ne vous avait pas pris l'envie de venir en Province, d'arriver dans une petite ville à dix heures du soir, vous n'auriez pas versé à la porte du Grand-Monarque; on n'eût pas accusé M. Hilaire d'avoir fait entrer du vin en fraude; les commis ne seraient pas venus faire ici une visite domiciliaire; madame Hilaire, qui est une petite femme charmante, n'eût pas été in-dignement trompée; son cher époux ne serait pas c...., battu, et de plus fort mécontent ; et enfin, vous dormiriez d'un profond sommeil, et moi aussi. — Ça, maraud ! as-tu fini ce

verbiage ? Explique-toi sans sub-
terfuge, ou...... Je suis par fois trop
vif, et dans ces momens-là, ma
main gesticule...... Labranche en
savait quelque chose ; il recula prudemment de quelques pas, en m'assurant qu'il allait s'expliquer clai-
rement.—Monsieur, me dit-il, dans
le tableau que je vous traçai hier
des petites villes, j'oubliai de vous
parler des commis aux droits réunis,
autrement dits *rats de cave* : il est
vrai que je ne me doutais pas que
nous pussions avoir quelque démêlé
avec ces gens-là. Ce qu'il y a pourtant de très-certain, c'est que notre
arrivée à donné l'éveil à la troupe,
qui prétend que le vicomte de
Joyeuse est un maltôtier, et que sa
voiture était remplie d'excellent vin,

2 *

pour lequel M. Hilaire ne payait ni entrée, ni débit. Cela vient sans doute de ce que, lors de l'accident arrivé à notre voiture, les deux bouteilles de Champagne, que, par précaution, j'avais placées dans le coffre, ont été brisées; quelque charitable habitant, parmi ceux qui furent témoins de notre culbute, se sont sans doute empressés d'avertir les commis de cette découverte; et voilà qu'avant l'aurore la maison de M. Hilaire est cernée par une escouade de rats, dont plusieurs commencent une perquisition. M. Hilaire, entendant le tapage que font ces messieurs, s'arrache des bras de sa charmante moitié, et vôle où l'intérêt l'appelle : fort de sa conscience, de son bon droit, il offre de

conduire lui-même l'un des employés dans sa cave; et tandis que
celui-ci sonde les tonneaux, un autre, plus jeune, plus alerte, se met
en devoir de parcourir les différens
appartemens : sa bonne étoile le
conduit droit à la chambre à coucher de madame Hilaire, qu'un faible demi-jour éclairait à regret.
Notre jeune commis compte au
plus vingt-trois printemps, et l'on
peut dire que c'est un rat d'une
physionomie fort heureuse. La nature, la curiosité, l'amour peut-
être, le firent marcher droit vers le
lit..... Il entr'ouvre les rideaux, et le
plus joli visage s'offre à ses yeux
étonnés; un sein d'albâtre, doucement agité....... — Diable ! M. Labranche, on dirait, à vous entendre...

— Que j'en ai vu quelque chose ?....
Eh bien ! on dirait vrai ; mais écoutez,
s'il vous plaît, le reste de l'histoire.
Vous sentez bien qu'un homme de
vingt-trois ans ne peut voir impunément les appas secrets d'une jolie
femme : le commis n'est pas un saint
Antoine , et sans s'inquiéter si le
diable était pour quelque chose dans
la tentation , il s'étendit aux côtés
de la dame, que ce mouvement ré-
.veilla. L'adroit fripon avait fermé
les rideaux, de sorte que madame
Hilaire crut que son cher époux venait achever la nuit , et elle le gronda
tendrement d'avoir troublé son repos. On ne réveille pas une femme
impunément , tous les maris sont
pénétrés de cette vérité ; et quoique
garçon, notre commis en savait quel-

que chose : aussi se garda-t-il de prononcer un seul mot d'excuse, mais il fit mieux ; il agit.... puis agit encore...... et puis encore....Madame Hilaire était étonnée ; son bon époux avait cinquante ans révolus, et depuis six mois qu'ils étaient unis ; il n'avait pas encore donné de preuves d'une aussi grande valeur. — Mon ami, mon bon, vous n'êtes pas raisonnable, vous vous ferez mal......' je ne souffrirai pas.... Et à tout cela, le commis répondait comme il avait fait d'abord, et madame Hilaire, tout en assurant qu'elle ne le souffrirait pas, le souffrait avec une admirable résignation. Enfin l'un en dit tant, et l'autre en souffrit tant, que force leur fut bien, à l'un de se *taire*, et à l'autre de ne plus souffrir.

Dans ce moment, le jeune homme, entendant quelque bruit, s'élança hors de la couche conjugale, et se hâta de déguerpir. Notre jeune hôtesse ne savait à quoi s'en tenir d'une conduite aussi extraordinaire ; elle pensa que son mari était devenu fou; mais, dans tous les cas, sa folie était assez de son goût, et elle s'en consola. Cela, soit dit entre nous, n'est pas extraordinaire, et je sais telles femmes qui non-seulement s'en consoleraient, mais qui feraient volontiers des neuvaines pour que leurs maris fussent atteints d'une aussi aimable folie. Cependant M. Hilaire, que la fraîcheur de la cave avait presque transi, se hâta de regagner sa chambre à coucher, et il se glissa doucement près de sa jeune moitié.

Celle-ci était en feu, la chaleur se communiqua en moins de dix minutes. M. Hilaire en ressent les effets, et il veut prouver sa reconnaissance à madame...... — Pour le coup, mon bon ami, je ne le souffrirai pas ; en vérité, voilà qui est extravagant, vous voulez vous tuer... — A tout cela, notre hôte souriait, et voulait passer outre.—Comment! monsieur, vous n'êtes pas satisfait, et vous osez pour la septième fois?... — Ah ça, ma poulette ! pense donc à ce que tu dis : si j'ai bonne mémoire, il y a aujourd'hui dix jours que......— Etes-vous fou vous-même, monsieur ? Comment! dans l'instant même, et à plusieurs reprises....... vous faut-il des preuves de vos extravagances ?... En voici, monsieur, et d'irrécusables , j'espère...... A ces mots, vous eussiez entendu ce pauvre mari jeter les hauts cris ; il s'élance tout furieux au milieu de l'escalier, en criant : Je suis trompé, assassiné ! c'est ce monstre de Déri! je me doutais bien que ce brigand-là en voulait à ma femme! Le monstre ! il le paiera cher !..... Et tout en piallant de la sorte , il arrive dans la cuisine. Malheureusement les commis achevaient leur procès verbal; notre homme les aperçoit, saisit un rouleau à faire la pâtisserie, et tombe à bras raccourcis sur le pauvre commis : celui-ci , par mouvement naturel, saisit, pour se défendre, une des pièces de la batterie de cuisine; son compagnon veut mettre le hôla; mais, au même instant, une énorme bassine lui tombe sur la tête, et l'étend sur le carreau. Cependant, Déri, que la conversation un peu longue qu'il avait eue avec madame n'empêchait pas d'être encore un vigoureux garçon, fait rompre quelques semelles à M. Hilaire. La trape de la cave n'était pas fermée, et notre hôte, à force de reculer, finit par rouler jusqu'aux tonneaux, et fait retentir les voûtes de ses cris. Déjà le bruit qu'il avait fait en descendant de son appartement avait éveillé une partie des commensaux; mais, à l'horrible vacarme qui se fit alors, tout le monde accourt sur le champ de bataille, et comme notre hôte continuait de crier, on s'arma de flambeaux, et l'on se mit en devoir

de secourir le pauvre *encavé*. Les
commis eux-mêmes eurent pitié du
bonhomme : l'un oublia les coups
de rouleau; l'autre, la contusion que
lui avait faite la bassine, et ils des-
cendirent des premiers..... Autre accident ! M. Hilaire, qui doit pour le
moins peser trois cent cinquante,
avait, en tombant, endommagé la
dernière marche de l'escalier, qui
roula sous les pieds de Déri, et offrit à ses yeux étonnés l'entrée d'un
petit caveau rempli de vins fins,
qui jusqu'alors avait échappé à
toutes les perquisitions :

Chassez le naturel, il revient au galop.

Nos sergens n'entendent plus
rien, ils sont tout entiers à la nouvelle découverte ; et tandis qu'on

relève le patron, ils dressent un procès-verbal, et se retirent assez satisfaits de la capture qu'ils ont faite.

CHAPITRE II.

*Le Notaire. — Soirée Provinciale.
— Sophie. — Adélaïde. — Aven-
ture de Labranche et d'une
Baronne.*

Le récit de Labranche me mit
d'assez bonne humeur. Je me fis
habiller, je demandai à déjeuner
et un assez bon pâté, corroboré par
quelques verres de Chablis passa-
ble. Cela n'est pas capable de faire
voir tout en noir à un homme qui
ne porte le deuil que pour quatre-
vingt mille francs de rentes. Mais, à-
propos de succession, il faut, sans
plus tarder, voir le vénérable garde-

notes, dont la main bienheureuse
a tracé le legs que m'a fait mon cher
oncle.

J'arrive chez M. Verneuil (c'est
le nom du notaire) , et je suis reçu
comme un héritier ; c'est tout dire.
Moyennant quelques petites forma-
lités, on me délivre une expédition
du testament , qui m'assure la possession d'environ un million et
demi.

M. Verneuil est un homme qui
sort de la ligne ordinaire des petits
notaires de village ; il compte au
nombre de ses ancêtres des noms
célèbres dans la magistrature ; et,
ce qui est bien autrement recom-
mandable, il est lui-même d'un mé-
rite peu commun : il a une femme

de laquelle on pourrait dire avec
raison :

L'astre du jour, à son déclin,
A souvent l'éclat de l'Aurore.

Vous riez, malin lecteur: me voilà,
à ce qu'il vous semble, épris des
charmes d'une beauté d'un demi-
siècle; et quand cela serait, ne vit-
on pas la célèbre Ninon, faire de
grandes passions à plus de soixante
ans? — Oui, me direz-vous, mais
c'était Ninon. — Voilà bien le préjugé le plus absurde! Quoi! parce
que Ninon fut jolie et aimable jusqu'à seize lustres passés, il en ré-
sulte que la femme d'un notaire
ne peut jouir de la même faveur?
Quand donc la raison viendra-t-
elle chasser toutes les plates sottises
consacrées par les hommes?...... Si

un poëte moderne faisait (ce qui n'est pas facile) des satyres meilleures que celles de Boileau ; tel est la force du préjugé, que ce poëte serait, par ses contemporains, placé à cent piques au-dessous de Boileau. Les comédies de Molière, qui est d'ailleurs un homme célèbre, fourmillent d'invraisemblances, et on n'en est pas moins persuadé qu'il est impossible de faire une meilleure comédie que ne fit Molière. Aristophane n'était qu'un comique bas, trivial, qui se traînait dans la fange, et dont les misérables productions n'eussent pas, de nos jours, été dignes des Boulevards : eh bien ! Racine lui-même, après avoir fait sa jolie comédie des *Plaideurs*, était persuadé que son ouvrage ne valait

pas celui d'Aristophane , dans lequel il avait puisé quelques scènes ;
et cela parce que le préjugé lui
mettait un bandeau , et qu'il n'eût
osé douter de ce que tant de gens
avaient assuré avant lui , *que le
célèbre Aristophane était inimi-
table..........*

Mais , dira quelque fat , voilà bien
du verbiage à-propos d'une vieille
femme. — A la bonne heure , monsieur ; mais si on ne se fût avisé de
m'interrompre, je ne vous eusse point
entretenu de tant de gens , qui , je
l'avoue, n'ont pas besoin ici ; et vous
sauriez que non-seulement mon notaire avait une belle femme , mais
que sa fille était la plus charmante
créature , qui se fût jamais offerte à
mes yeux , lesquels pourtant avaient

déjà vu bien des jolis minois. Je ne tracerai pas ici le portrait de la divine Sophie; et cela, par une raison toute simple : pour ce qui regarde le physique, la copie serait beaucoup trop au-dessous de l'original; et quant au moral, la suite de cette histoire ne peut manquer de le faire connaître.

Il y avait cercle, ce jour même, chez M. Verneuil; il m'offrit de me présenter aux différentes personnes qui le composaient, et je n'eus garde de refuser une offre si obligeante. Je fus donc introduit dans le salon, et présenté tour-à-tour à M. le comte, madame la baronne, M. le chevalier, etc. Tous ces gens-là croyaient avoir de grands airs, et n'étaient que guindés et ridicules;

il y avait aussi quelques grandes demoiselles, qui me rappelèrent aussitôt le tableau de Labranche; mais que m'importait la présence de ces gens là ? Sophie, la charmante Sophie, ne leur ressemblait en rien: je m'étais placé près d'elle, je lui avais adressé quelques mots........ Quelle innocence! quelle candeur! que d'esprit !...... Ah ! Labranche, tu ne m'avais pas dit qu'on pouvait trouver un pareil trésor dans une petite ville !

Cependant, en quelques minutes, toute la société fut instruite que le vicomte de Joyeuse , qu'on venait de lui présenter, était héritier de quatre-vingt mille livres de rentes, et que, de plus, il était célibataire: aussitôt toutes les mères de chuchoter aux oreilles de leurs fillettes..: —Hortense, ma fille, tenez-vous droite, baissez les yeux, souriez donc à M. le vicomte; savez-vous bien que c'est le plus riche héritier de la province, et qu'il vient ici pour faire un choix. — C'était ainsi que la baronne de Maineville parlait à sa fille, et cela, si près de moi, que je l'entendis très-distinctement. Je ne pus m'empêcher de sourire en voyant Hortense se redresser, tenir le haut du corps en avant, comme un grenadier, et me faire une révérence dans le genre de celles de madame Angot.

On fit de la musique. Sophie chanta avec une âme, une expression qui m'enivrèrent d'un plaisir que, jusqu'alors, je n'avais pas en-

core éprouvé. Je sentis, pour la pre-
miére fois, que mon cœur était de
la partie, et que si mademoiselle
Verneuil n'était pas à moi, je serais
à jamais malheureux.

La soirée s'écoula avec rapidité;
jamais les heures ne me parurent
si courtes, et il me sembla, en reve-
nant à l'hôtel du Grand-Monarque,
que je laissais mon âme chez le
notaire. En entrant chez M. Hilaire,
une jeune personne, fraîche comme
Hébé, belle comme Vénus et légère comme une nymphe, s'offrit à
mes regards : ses grands yeux noirs
étincelaient et semblaient respirer
le plaisir ; un sourire malin, enchanteur, errait sur ses lèvres......
Oh! les hommes! les hommes!.....
Qu'en pensez-vous, charmantes

lectrices? quel beau sujet de ser-
mon! prêchez-donc, prêchez-donc;
mais ne me condamnez pas sans
m'entendre. La vue d'Adélaïde
m'inspira un sentiment tout diffé-
rent de celui que Sophie avait fait
naître dans mon cœur : ce que je
sentais pour Adélaïde , je l'avais
senti pour bien des femmes ; mais
l'impression que la charmante Sophie avait faite sur moi était toute
nouvelle ; il m'avait semblé, en la
voyant, prendre une nouvelle vie :
enfin, l'une parlait au cœur, l'autre
parlait aux sens.

Cependant, soit naturel, soit habitude , je m'approche de cette aimable enfant , qui répond avec esprit à quelques complimens que je
lui adresse, et j'apprends en quel-

ques mots qu'Adélaïde est la niéce
de M. Hilaire. Mon intention, en
quittant la maison de M. Verneuil,
était de me mettre au lit, et de
rêver à loisir aux charmes de la
jolie Sophie ; mais, je l'avoue, son
image s'effaça pour un instant, et
fit place à celle d'Adélaïde : vingt
coups-d'œil furent échangés en un
instant, et pourtant la niéce de mon
hôte avait toujours habité la province ! et puis, qu'on nous dise maintenant qu'il n'y a qu'à Paris que
l'esprit vient aux filles ! Le diable
est bien fin, et partout la chair est
faible. En amour, comme en guerre,
le succés tient souvent à peu de
chose, et je suis de ceux qui pen-
sent qu'un assaut spontané vaut
mieux souvent qu'un long siége

dans toutes les formes. Faire des conquêtes en province était d'ailleurs un plaisir nouveau pour moi. Et que viens-je faire en province, sinon chercher le plaisir ? Je me trompe pourtant ; je venais aussi chercher un héritage de quatre-vingt mille francs de rentes ; ce qui vaut au moins des conquêtes provinciales : qu'en pensez-vous, charmantes Parisiennes ?

Tous les traits d'Adélaïde respiraient l'amour, et elle était loin de m'inspirer autant de respect que Sophie. Après les complimens, vinrent les demi-aveux ; on avait répondu aux uns, on sourit aux autres ; mais madame Hilaire vint, par sa présence, dissiper le charme d'un si doux entretien ; toutefois, je ne désespérai point, je restai au contraire presque persuadé que mes avances ne seraient pas perdues ; mais il s'agissait d'attendre, et je me retirai en soupirant.

A peine entré dans mon appartement, l'image de Sophie s'offrit de nouveau à mon imagination embrâsée, et fut cause que je ne m'aperçus pas d'abord de l'absence de Labranche ; mais bientôt, en dépit de l'amour, Morphée répandit sur moi ses pavots, et je sonnai mon maître Jacques...... Personne ! que signifie cela ? le drôle est sans doute endormi... Je vais dans sa chambre..... encore personne ! voilà qui est singulier. J'appelle l'hôte : Qu'est devenu Labranche ? — Ma foi, monsieur, je n'en sais rien :

un instant après le dîner, il sortit, et n'a pas reparu; j'ai pensé qu'il avait votre permission pour quelque partie de plaisir, car il avait encore l'air plus gai que ce matin.

Cela me surprit beaucoup; j'aimais Labranche, il me servait depuis quatre ans; il n'avait, répétait-il sans cesse, qu'à se louer de moi; enfin, je lui devais deux années de gages; j'étais donc certain qu'il n'avait pas changé de condition. Il était près de minuit; Labranche n'avait pas un sou à sa disposition, et de plus, il n'avait jamais négligé son service pour ses plaisirs; il n'était pas probable, après cela, qu'il fût en frairie: où était-il donc?...... Ma foi, qu'il soit à tous les diables! Je me déshabille seul, je me couche,

un doux sommeil vient appesantir
ma paupière, mon imagination ca-
resse mille songes agréables. Pendant ce temps, Apollon pique des
deux, passe chez les Chinois, et
revient éclairer le côté du globe
que nous occupons : un des nom-
breux rayons de cet astre régénéra-
teur frappe sur les rideaux de mon
lit ; j'ouvre les yeux, et le premier
objet qui s'offre à mes yeux, à de-
mi-ouverts, c'est ce pauvre Labranche, qui s'avance vers moi en
faisant des contorsions de possédé.
Il paraît pouvoir à peine se soutenir,
et porte de temps en temps la main
sur son épaule. — Me diras-tu, maraud ! qui t'a mis en cet état, et
où tu as passé la nuit ? — Oui,
sans doute, monsieur, je vous le

dirai ; mais vous saurez d'abord que si vous me voyez ainsi éclopé, c'est encore une suite de votre fantaisie de vouloir entendre chanter le rossignol, la fauvette ; de voir les *côteaux*, les *ruisseaux*, les *ormeaux*, les *hameaux*, le *feuillage*, les *bocages*, les *ombrages*, et toutes les sornettes dont nous bercent mille rimailleurs, dont les tableaux ressemblent à la nature à-peu-près comme je ressemble aux pyramides d'Égypte, ou au colosse de Rhodes, ou enfin, à l'une des sept merveilles du monde; et....— Le diable emporte l'infernal bavard ! explique-toi promptement, ou morbleu! je....... — Doucement, doucement, monsieur; je vais m'expliquer.... En vérité, vous êtes d'une pétulence!...

On voit bien que vous n'avez pas reçu cent dix coups de bâton cette nuit. — Labranche ? — Monsieur ? — Es-tu fou ? — Non monsieur; mais je suis roué de coups. — Maraud ! tu mets ma patience à une terrible épreuve ! parles, ou...... — Je parle, monsieur, je parle; j'en ai, parbleu! bien assez, et j'aimerais mieux parler pendant deux jours sans boire, que de passer encore une nuit comme la dernière.

» Vous saurez donc qu'hier matin, après avoir fait toilette, je commençai par visiter les principaux monu mens de la ville, qui se réduisent à-peu-près aux vieilles fortifications et à l'église. Arrivé dans cette dernière, j'aperçus quelques dévotes qui entendaient la messe, et le be-

deau vint charitablement m'avertir
que si je continuais à me promener
de long en large pendant le service
divin, il serait forcé de me mettre
dehors. Sur ce, je pris une chaise et
me mis dévotement à genoux.

Tout près de moi était une dame
d'une taille svelte, d'un port majes-
tueux; les grâces présidaient à tous
ses mouvemens; mais un voile de
point d'Angleterre m'empêchait de
voir les traits de son visage, qui, s'il
répondait à tout le reste, devait
être enchanteur. Ma foi! monsieur,
dans un souper où l'on ne boit que
de mauvais vin et où il n'y a point
de spectacle, il faut bien se dédom-
mager, faire des conquêtes ce fut la
réflexion que je fis d'abord. Dieu
sait, me dis-je, combien de temps

nous passerons dans ce maudit pays,
et, morbleu! Labranche, mon ami,
voilà une femme qui me paraît digne de charmer tes loisirs. Quand
on a vécu dans le grand monde, qu'on
a été pendant quatre ans le valet-de-
chambre de M. le vicomte, on peut
aisément passer pour chevalier;
d'ailleurs, il n'y a pas autant de dif-
férence qu'on l'imagine : un homme
comme moi est valet-de-chambre
d'un marquis; ce marquis est valet-
de-chambre du roi, et ne vit-on pas
un roi de France être le palefrenier
d'un Pape ? — M. Labranche, trève
de disgressions historiques; elles me
déplaisent : au fait, ou je vous chasse.
— Cela vous serait très-facile, monsieur; des Papes ont bien chassé des
Rois de leurs royaumes, des Rois

chassent quelquefois des valets marquis ; il est juste que les marquis, les
vicomtes, etc., puissent, à leur tour,
chasser des valets roturiers : et, si ces
valets devenaient un jour marquis,
ce qui n'est pas sans exemple......

» Mais monsieur n'aime pas les citations historiques; Tacite et Lacre-
telle lui déplaisent, et voilà pourquoi
j'en reviens à ma jolie conquête. Je
m'approche doucement d'une jeune
fille au minois fripon, au regard
malin, et qu'en connaisseur je de-
vinai de suite être la soubrette de
la dame en question Pendant l'é-
vangile, j'adresse quelques paroles,
je fais quelques promesses, et au
bout de cinq minutes je savais que
madame était une Baronne allemande, âgée au plus de trente ans,

et cependant veuve en seconde noce d'un émigré français.

Allons, Labranche, me dis-je aussitôt : *Audaces fortuna juvat !* là-dessus, je me place près de la porte la plus voisine de la Baronne, et, la messe terminée, j'offre de l'eau bénite à la dame...... Sa main touche la mienne; je distingue, au travers du voile, un sourire gracieux; je suis la belle allemande jusqu'à son habitation, et deux heures après je m'y présente sous le nom du chevalier de Morigny. Je suis reçu avec tous les égards dûs au titre qui précède mon nom d'emprunt. J'apprends bientôt qu'il y a six mois passés que le second époux de la charmante Baronne a cessé de vivre. Six mois sans époux !.... ah ! sans doute, on ne désirerait rien plus ardemment que de charmer l'ennui du veuvage, et quand on connaît les femmes comme moi, on sait tirer parti de ces circonstances heureuses. Je fais jouer mes prunelles; cela ne paraît pas déplaire: peu-à-peu un tendre entretien s'engage..... la baronne est adorable; car on adore toujours les femmes, et on les aime quelquefois. Le feu du désir pétillait dans ses beaux yeux noirs, deux beaux globes d'albâtre sont doucement agités, son visage est en feu; c'était l'instant décisif: *vous savez vaincre Annibal, mais vous ne savez pas profiter de la victoire.....* Mais je me souviens que monsieur n'aime pas les citations. Quant à moi, je voulais être plus habile qu'Annibal:

j'avais presque vaincu, et j'aurais sans doute tiré un très-grand parti de ma conquête, lorsqu'une visite importune vint nous déranger. Je me retirai, la baronne se leva pour m'accompagner jusqu'à l'anti-chambre, et en la quittant, ces pa-roles : *ce soir, à minuit*, vinrent frapper mon oreille. Je répondis par un serrement de main, et je revins ici, dans l'intention de vous demander congé pour le reste de la journée, et la nuit suivante. Vous n'étiez pas rentré ; je pensais qu'en vous expliquant la cause de mon absence, vous me la pardonneriez facilement. Je sortis donc après une seconde toilette : la soirée se passa en promenade. A dix heures j'étais déjà sous les fenêtres de la

belle allemande ; chaque minute me
paraissait un siècle : enfin, minuit
sonne ; une petite porte s'ouvre ;
j'entends la voix de la soubrette ; je
la suis, et au bout de quelques secondes j'entre dans un boudoir délicieux, où tout respirait la volupté.
Bientôt la baronne paraît ; mais,
Dieux ! quel changement s'est opéré
dans sa démarche, sur sa figure,
dans ses regards !.... A son aspect,
mon amour fit place à la crainte ;
j'étais dans l'attitude d'un criminel
qui attend son arrêt. Tout-à-coup
elle se tourne vers moi d'un air im-
posant. — Misérable ! me dit-elle, tu
as abusé de ma crédulité ; sans un
heureux hasard , j'eusse été la vic-
time d'un insolent valet. Tu vas voir
comment se venge une femme ou-

tragée. A ces mots, la porte s'ouvre
de nouveau; deux rustres vigoureux,
armés chacun d'un bâton, se jettent
sur moi, m'attachent les bras et les
jambes, et commencent à frapper
alternativement sur mes épaules; et
la barbare qui avait commandé le
supplice, comptait les coups, sous
lesquels je serais mort si la séance
eût duré plus long-temps; enfin, l'in-
fernale créature ayant pleinement
satisfait sa vengeance, on me délia
les membres, et j'allais faire usage
de ma liberté, pour quitter au plus
vîte cette maison maudite, lorsque
je me rappelai que, crainte de surprise, j'avais glissé vos pistolets dans
ma poche : aussitôt je les saisis, je
couche en joue les deux lâches exé-
cuteurs des ordres de cette furie :

—« Misérables ! leur dis-je, si vous ne faites, sur-le-champ, subir le même traitement à la baronne, je vous fais sauter la cervelle. » Les méchans sont toujours lâches ; à la vue des armes dirigées contre eux, une pâleur subite couvrit leur visage ; la baronne, sans rien perdre de sa dignité, voulut sortir ; mais j'avais prévu son dessein : je lui coupai la retraite. Alors les deux valets se voyant contraints d'obéir, rendirent à leur maîtresse une partie de ce qu'elle m'avait si généreusement fait distribuer. — Parbleu ! mon cher Labranche, l'aventure est piquante. — Oui monsieur, oh ! elle est très-piquante, je vous assure, et elle m'a si bien piqué, que vous me permettrez de me mettre au lit.

★

Le pauvre garçon ! j'eus pitié de lui, et puis, dans la situation d'esprit où je me trouvais, il m'eût été difficile de lui refuser quelque chose ; je devais ce jour-là même toucher chez le notaire, chez le père de l'aimable Sophie, l'argent comptant que mon oncle avait eu la bonhomie de laisser dans son secrétaire.

Voilà dix louis, dis-je à Labranche ; fais-toi soigner : quant à moi, je vais où l'amour et la bonne fortune m'appellent.

Il n'est encore que neuf heures ; qu'importe ! Je me présente chez M. Verneuil, et j'en suis reçu de l'air le plus affable. Il me compta mes espèces ; mais Sophie, la charmante Sophie n'était point là, et il me fallut retourner tristement à

l'hôtel. Honneur à l'auteur du sys-
tême des compensations ! je n'avais
point vu mademoiselle Verneuil,
et voilà qu'en rentrant chez M. Hilaire, la sémillante Adélaïde, encore plus jolie que la veille, vient
dissiper le nuage que ma visite chez
le notaire avait formé.

Après quelques instans d'entretient : « C'est aujourd'hui la fête d'un
village voisin, me dit M. Hilaire ;
on y couronnera une rosière : le
temps est superbe ! Monsieur le vicomte assistera sans doute à cette
charmante cérémonie ? »

J'allais dire non ; mais un coup-
d'œil d'Adélaïde me fit changer
d'avis..... Oui, mon cher hôte, je
veux voir tout cela. » Un sourire de
l'aimable enfant me remercia, et
je me disposai à partir.

CHAPITRE III.

La Fête de Village. — Les Comédiens ambulans. — Scène bur-lesque. — Nuit délicieuse.

DEPUIS une heure , je suis à la fête ; la rosière est couronnée , les danses ont commencé , et Adélaïde ne paraît point....... Aurais-je mal compris , ou la nièce de M. Hilaire se moque-t-elle de moi ? L'alterna-tive n'était pas des plus agréables , et je m'épuisais en conjectures , lors-qu'enfin je vis la dame de mes pensées descendre d'une voiture, et s'avancer vers moi, accompagnée de son oncle. Je m'approche, j'offre mon bras à l'aimable enfant ; elle le prend en riant, m'entraîne au milieu des pesans villageois ; et nous voilà dansans comme des foux, au son de deux violons, dont l'un était râclé en *mi bémol* et l'autre en *ré majeur.* Qu'importe ! je tiens la main d'Adélaïde, je la presse doucement, et je crois sentir qu'on y répond.

La chaleur était excessive, il était impossible de danser long-temps ; un petit bois était à quelque distance de nous : tandis que M. Hilaire s'entretenait avec quelques amis, nous nous dirigeâmes vers le lieu qui nous offrait un ombrage agréable. A peine entrés dans ce délicieux bocage, j'osai cueillir un baiser de feu sur les lèvres de ma charmante compagne.... Son teint s'anime, elle chancelle...... Un faux pas, et...... Adélaïde n'a que dix-sept ans, elle n'a jamais habité Paris, et pourtant, je ne suis pas le seul qu'elle ait rendu heureux.... Oh! les femmes!... les femmes!... Et puis, venez donc nous dire qu'on ne trouve l'innocence qu'au village !

Cependant, une plus longue absence aurait pu paraître suspecte au

bon oncle, qui, certes, paraissait
avoir une grande confiance dans la
vertu du beau sexe...... Le pauvre
homme !

Déjà nous avions rejoint le groupe
des danseuses : M. Hilaire n'était qu'à
quelques pas de nous ; de tendres
propos d'amour s'échappaient encore de la belle bouche d'Adélaïde...
Elle n'est pas sage, me disais je ;
mais elle est si jolie, si volup-
tueuse !...... Encore des compensations ! Serait-il donc vrai que la
beauté n'est jamais la compagne
de l'innocence ! Au milieu de ces
réflexions, je tourne la tête....Dieux!
que vois-je! oui, c'est-elle, c'est bien

elle ; c'est Sophie et son père. Tout-
à-coup j'oublie Adélaïde , le plaisir , le bocage , et je vole près de
mademoiselle Verneuil. On pense
peut être qu'Adélaïde fut surprise,
qu'elle pleura , qu'elle joua le désespoir ?.... Point du tout ; elle rit;
retourna près de son oncle , et dix
minutes après elle dansait avec un
jouvenceau. Alors je sentis mieux que
jamais combien Sophie m'était chère.
Pour la première fois , ses beaux
yeux osèrent me fixer. Amour!
amour ! Sophie seule était capable
de me faire sentir ta puissance et
goûter tes délices. Jusqu'alors j'avais
pris un sentiment commun pour

le feu sacré ; mais maintenant mes yeux sont dessilés, tu as pénétré dans mon cœur ; il sera désormais ton sanctuaire.

Monsieur Verneuil ne quitta pas un seul instant sa fille, et cela ne me contraria point ; mes sentimens pour la belle Sophie étaient si purs ! Ah ! Sophie, s'il est un plus grand bonheur que celui de te posséder, je ne veux pas le connaître.

Cette soirée se passa comme la précédente ; les heures me semblèrent des secondes, et il fallut encore se quitter. Ç'en est fait ! me dis-je en retournant à l'hôtel ; Sophie sera mon épouse, et la possession d'une autre femme ne saurait désormais avoir de prix pour moi... O faiblesse humaine ! ô projets des hommes !.... J'entre chez M. Hilaire : Adélaïde, encore embellie par les roses du plaisir, qui couvraient son teint, Adélaïde s'approche de moi, me sourit, me fait de tendres reproches... mon imagination s'enflamme, je me rappelle l'instant où la pressant dans mes bras, le plaisir....... Ah ! mesdames, de quoi vous plaignez-vous donc ? Si nous sommes infidèles, à qui la faute ?

Le lendemain, Labranche se trouva beaucoup mieux; il m'habilla, en se frottant de temps en temps les épaules, et en jurant qu'il était guéri des amours de province. — Pour moi, mon cher Labranche je suis loin d'en être guéri; je ne sais quel démon me possède, mais je suis amoureux fou, et si fou que je ne quitterai pas G... sans être marié. — Vous voulez rire? — Non pas du tout; je te dis que je me marie, et que le plutôt sera le mieux. — Mais, monsieur, songez donc que.... — Je ne songe à rien qu'à Sophie, et je ne veux rien que l'épouser le plus promptement possible. — Et mademoiselle Sophie est la fille ?... — Du notaire, M. Labranche: l'amour ne connaît pas de noblesse, et toutes les filles de condition que j'ai connues jusqu'alors n'ont jamais valu mademoiselle Verneuil.

Labranche parut fort étonné de ce qu'il entendait ; mais, à l'air sérieux que j'avais pris, il ne jugea pas prudent de répondre, et d'émettre son opinion , qui sans doute ne s'accordait pas avec la mienne.

Ce jour-là était justement celui que nous avions choisi pour ma prise de possession ; et je me sentais un violent désir de demander la main de Sophie , sans laquelle désormais tous les biens de la terre me paraissaient méprisables. Il me vint un instant dans l'esprit de de-

mander quelques avis sur ce mariage; mais un instant après, voici
le raisonnement que je fis: si on me
conseille de me marier, je trou-
verai cela très-raisonnable ; si mes
conseillers sont d'un avis contraire,
ils auront tort, et je ne m'en ma-
rierai pas moins : cela est donc inutile. Si tous les hommes faisaient à-
propos cette réflexion-là, on verrait
peu de conseillers.

A peine descendu dans la salle
à manger de mon hôte, deux cha-
rettes vinrent s'arrêter devant la
porte : elles étaient remplies d'artistes dramatiques ambulans, dont
j'essayerais de faire ici le portrait,

si le joyeux Scarron n'avait pas fait son Roman Comique. Tous les habitans de G... étaient aux fenêtres: une troupe de comédiens était une bonne fortune pour la ville ; aussi M. le directeur, jugeant, par ce qu'il entendait sur cet article, qu'il était indispensable de donner, ce soir même, une première représentation, M. Hilaire n'oublia pas, dans son traité avec le père-noble, qui était tout à-la-fois auteur et directeur, les entrées de faveur pour lui, son épouse et sa famille. Aussitôt les affiches furent posées, le tambour de l'endroit apprit au menu peuple que la société d'artistes, sous la direction de M. Saint-Alban ; donnerait une représentation du *Médecin malgré lui* , suivie *des Deux Pères*, ou *la Leçon de Botanique* , et précédée *d'une Nuit de la Garde-Nationale* ; deux vaudevilles charmans, et qui ne pouvaient manquer d'être favorablement accueillis par les amateurs. Je me promis bien de ne pas manquer ce spectacle, qui devait être des plus comiques, et tandis qu'on s'occupait de la répétition , je volai près de ma Sophie , bien résolu à demander sa main , si j'avais acquis son cœur. Je vous aime , lui dis-je dès que je fus seul près d'elle : sans

Tom. II.   8*

vous il n'est plus de bonheur pour
moi ; cependant, dites un mot, et
si je n'ai pas le bonheur de vous
plaire, vous ne me reverrez jamais:
si, au contraire, ma main, mon cœur
et ma fortune vous étaient agréables, je m'empresserais de faire, près
de M. Verneuil , les démarches
convenables. A ces mots , une rou-
geur subite vint colorer le beau visage de Sophie ; elle me regarda
d'un air qui marquait la surprise et
la joie; ne répondit rien, mais me
tendit la main, pressa doucement
la mienne ..... Quel moment !.... Je
tombe aux pieds de cet ange, je
couvre de baisers cette main qu'on

m'abandonne.... On me relève, et des baisers de feu voltigent sur nos lèvres. — Je te quitte, ma douce amie, je te quitte un instant ; mais c'est pour mieux assurer notre bonheur. » A ces mots, je cours près de M. Verneuil : — Ce n'est pas la fortune, lui dis-je, que je veux recevoir de vos mains ; c'est le bonheur : accordez-moi la main de Sophie, ou vous me voyez le plus malheureux des hommes. Le notaire ne sait s'il a bien entendu : il ne peut croire que sa fille puisse être vicomtesse ; mais je réitère ma demande, je lui répète que, sans la possession de Sophie, les titres et la fortune me paraissent méprisables ; que ce sont des accessoires que je ferai, autant qu'il me sera possible, servir au bonheur de ma jeune épouse : enfin, il n'en peut plus douter, et la main de ma bien aimée m'est promise. On me retint à dîner : les conventions furent bientôt faites ; je ne voulais point de dot, mais le notaire voulut absolument en donner une, et il fallut bien l'accepter.

Vers la fin du jour, je proposai le spectacle : le notaire, ma jolie future, et surtout madame Verneuil, qui aimait la comédie à la fureur, n'eurent garde de me refuser, et nous nous dirigeâmes aussitôt vers la salle de spectacle. C'était l'église d'un ancien couvent de Carmélites : trois chandelles coupées en deux éclairaient le devant de la scène, un quinquet à trois branches servait de lustre, et le ménétrier composait, à lui seul, tout l'orchestre. Il exécuta, pour ouverture, trois ou quatre contre-danses, suivies d'une walse. La salle était pleine, chacun attendait avec impatience que le rideau se levât, et, pendant ce temps, le jeune-premier faisait une partie de billard au café du coin ; enfin, il se rendit aux invitations réitérées du père-noble, et

le rideau se leva, à la grande satisfaction des spectateurs.... O malheur! le ménétrier, qui sortait de
râcler quelques misérables contre-
danses, ne connaissait pas une note,
et lorsqu'il s'agit d'accompagner
pour le premier couplet, il ouvrit
de grands yeux, regarda les acteurs,
et resta court. Le jeune-premier,
qui n'avait pas été heureux au jeu,
et qui par conséquent avait de l'humeur, déclara qu'il ne chantait pas
sans musique, et, sans plus de façons,
il tourna le dos au public et rentra
dans les coulisses. Les spectateurs
crièrent qu'ils avaient payés, et qu'ils
voulaient en avoir pour leur argent:

l'un deux, qui avait l'esprit conci-
liant, offrit d'aller chercher un de
ses cousins, qui jouait fort bien de la
clarinette, et qui savait la musique,
comme st'ilà qui l'a inventée. L'offre est acceptée, et le voilà parti.
Le joueur de clarinette arrive, tout
bouffi d'orgueil, et ordonne au ménétrier de lui céder sa place; celui-
ci, vexé qu'on préférât une clarinette à un violon qui faisait les délices des jeunes filles de l'endroit,
jura qu'il ne bougerait pas : la clarinette menace, le violon léve la
main, le combat s'engage; chacun
des champions comptait dans la

salle une douzaine de parens : en un instant, l'affaire s'engage sur tous les points ; les enfans crient, les femmes se trouvent mal, les quinquets sont brisés, les chandelles éteintes, et le vacarme redouble encore.

Cependant les combattans se lassent de frapper, les enfans se lassent de crier, les femmes reprennent leurs sens, et on apporte d'autres lumières; mais il était dit qu'on ne jouerait pas ce soir-là : le violon était brisé, la clarinette avait volée en éclats, les actrices s'étaient sauvées, et les spectateurs furent contraints de se contenter du spectacle de la bataille.

Cette scène burlesque m'avait été très-favorable. Sophie, effrayée, s'était jetée dans mes bras ; je la pressais sur mon cœur, son beau visage touchait le mien, et pendant 'obscurité, un doux baiser sur ses èvres de rose..... Que voulez-vous ! n amant tire parti de tout ; l'esprit u moment est quelque chose de récieux ; demandez aux dames n combien d'occasions il est né-essaire.

Nous revînmes chez mon futur eau-père, et l'on fit un boston pour achever la soirée. Je perdais ; mais c'était avec un plaisir !...... Sophie était près de moi ; sa main était dans la mienne , et ses yeux me disaient : *Je suis à toi.*

Cependant je pensais avec peine que l'heure de la séparation approchait, et qu'il se passerait encore plusieurs jours avant qu'il me fût permis de ne plus quitter Sophie, de passer dans ses bras des nuits délicieuses !...... Ces réflexions me montent l'imagination , je suis en feu , et pourtant le moment de me retirer est arrivé. Retournerai-je à l'hôtel du Grand-Monarque ? Tout chez moi disait non , excepté la raison ; mais elle parlait si bas !... Resterai-je près de Sophie ?.... Oui ; mais comment faire pour cela ? Comment faire ? parbleu ! un amant est bien embarrassé en pareil cir- constance ! Je passerai la nuit près de Sophie ; cela est résolu : passons à l'exécution.

Je prends congé de toute la fa- mille ; Sophie me laisse déposer un baiser sur sa jolie main..... Un do- mestique m'éclaire avec un flam- beau ; mais, vers le milieu de l'es- calier, un faux-pas, fait à dessein, me fait tomber sur le domestique,

*

qui tombe à son tour ; le flambeau roule jusqu'en bas, et nous voila dans l'obscurité. Le valet se relève, et veut aller chercher de la lumière ; pendant ce temps j'avais gagné au large. — C'est inutile, mon ami, lui criai-je ; je suis en bas, et je tiens la porte de sortie. En effet, je la tenais: je l'ouvris, la refermai; mais je restai dans l'intérieur. U corridor que je connaissais me con duisit au jardin: là, un berceau d roses m'offrit un asile, et je résolu d'y attendre le moment favorabl à mon dessein. En cas de surprise la rivière passait à l'extrémité d jardin ; j'en serais quitte pour la passer à la nage, et je me trouverais dans un petit bois, où il me serait facile de réparer le désordre de ma toilette.

Tandis que ces diverses pensées m'occupaient l'esprit, l'heure s'écoulait, et l'instant du bonheur était proche. Minuit sonne, le plus profond silence règne autour de moi... c'est l'instant d'agir. Je m'avance vers le corridor, je monte l'escalier le plus légèrement possible, et bientôt je suis à la porte de Sophie. Comme mon cœur battait !.... L'amour tenait ma jeune amie éveillée

Je gratte légèrement à la porte ; un
qui est là? sorti de sa jolie bouche,
vient augmenter le trouble de mon
âme.... O amour ! amour! si tu cesse
de m'inspirer , je veux cesser de
vivre! — Ouvrez, ma chére Sophie ;
c'est votre amant, c'est votre époux!
ne craignez rien; ses intentions sont
aussi pures que votre belle âme.....
Qu'entends- je ! Elle ouvre..... elle
est dans mes bras..... Profanes ! je
n'écris pas pour vous ; les cieux
s'ouvrent pour nous recevoir... L'excès du bonheur nous anéantit.

CHAPITRE IV.

*La rencontre. — Situation épi—
neuse. — Sophie est à moi. — Le
Départ.*

Le jour nous retrouva dans les
bras l'un de l'autre. Sophie pleura ;
je dévorais ses larmes en la pressant
sur mon cœur, qu'elle embrâsait ;
mais il fallait songer à la retraite :
le soleil commençait à dorer la
cime des arbres, et je n'avais, pour
éviter le scandale, d'autre chemin
à prendre que celui de la rivière.
De tendres baisers, de voluptueuses

caresses scellèrent nos adieux , et
en un instant je fus au bout du
jardin. Je lance une partie de mes
hardes de l'autre côté de la rivière,
qui, dans cet endroit, est fort étroite,
et en un clin-d'œil, je suis à l'autre
bord........ En croirai-je mes yeux?
Adélaïde , dans les bras d'un jeune
homme , goûtait , sous la feuillée , le
bonheur suprême....... Nos yeux se
rencontrent en même-temps..Quelle
situation ! la nièce de M. Hilaire
était surprise *in flagrante delicto* ;
mais , de mon côté, je ne pouvais
nier d'avoir passé la nuit chez
M. Verneuil. Cependant, à la vue

du nouvel amant d'Adélaïde , je
ne sais quel sentiment m'agita ; je
méprisais celte coquette , et je ne
pouvais supporter l'idée de la savoir
à un autre. Le frémissement de la
colère m'agite , je m'avance.... Sou-
dain Adélaïde se lève , et me regardant d'un air assuré : — Monsieur,
me dit-elle , ma réputation dépend
de votre silence ; mais si vous y
portez la moindre atteinte , Sophie
est perdue. Ces paroles me désar-
mèrent sur-le-champ. Causer le
moindre chagrin à ma Sophie !
plutôt mourir mille fois. — Je saurai
me taire , mademoiselle , et un re-

gard de mépris accompagna ce peu de mots.

Je me hâtai de retourner à l'hôtel, où je trouvai Labranche tout-à-fait guéri des caresses de la baronne, et pas du tout inquiet sur mon compte. — Je savais que Monsieur était amoureux, qu'il était près de l'objet aimé, et je crois que ce matin il n'est pas aussi pressé de se marier qu'il l'était hier. — Au contraire, Monsieur Labranche; je le suis aujourd'hui plus que jamais, et je signe tantôt le contrat qui m'assure la possession de la seule femme

qui m'ait fait connaître le véritable
amour.

Cinq jours s'étaient déjà écoulés, et
j'avoue que sans la charmante fille
de monsieur Verneuil, j'eusse commencé à regretter la Capitale. Rien
n'est comparable à ce charmant pays,
et je ne conçois pas comment il s'est
fait que je m'y sois ennuyé. On
trouve dans cette ville, qui n'a point
de pareille sur la machine ronde,
tout ce qu'il est possible de désirer,
et d'une bien meilleure composition
que partout ailleurs. Aime-t-on les
princesses ? on en trouve d'un com-
merce doux et facile, et qui ne sont

point du tout cruelles, surtout pour un homme qui a quatre-vingt mille francs de rentes. Un de mes amis m'assura que trois sultanes ne lui avaient coûté que vingt-cinq louis. En vérité! c'est pour rien. Pour mon compte, je connais des reines grecques le soir, et très-françaises la nuit. Ce sont de très-sensibles personnes, toujours disposées à soulager le prochain : et puis, qu'on nous dise donc que les mœurs de province se distinguent par leur simplicité! c'est à Paris qu'il faut venir la chercher, cette simplicité de mœurs qu'on nous vante tant.

On y voit de jeunes bergères, en jupon court, et qui ne répondent pas aux douceurs qu'on leur débite, par de grands soufflets, mais par un sourire ingénu qui enchante: elles ont encore cet avantage, qu'on ne saurait trouver dans les grosses filles de basse-cour de nos villages, c'est qu'elles portent le cachemire avec autant de grâces que la houlette.

En province, si la chaleur vous importune, vous ne trouvez, pour vous rafraîchir, que de misérables auberges, où une servante bien sale vous sert de la piquette ou du cidre. A Paris, vous trouviez à

chaque pas des cafés somptueux,
les limonadières étaient charmantes,
et on assure qu'elles sont toutes très-
compatissantes aux maux que leurs
beaux yeux font souffrir. Est-ce
dans un village qu'on trouvera un
Véri, un Beauvilliers? Est-ce dans
un village, est-ce même dans une
ville de second ordre qu'on vous
donne des glaces du café de Foi,
du punch et du café de Lemblin?
Mais, me direz-vous, les glaces, le
café et le punch que nous prenons
à Lyon, à Bordeaux, etc., valent
bien ceux des maisons que vous
nous vantez. — A la bonne heure,

mais ils n'en sont pas, et c'est quelque chose que cela ; et puis on a l'avantage de savoir toutes les nouvelles les plus fraîches. Vous avez le Moniteur, le Journal de Paris, et les Petites affiches pour le déjeûner; le Constitutionnel, le Courrier, la Minerve et la Renommée pour votre dîner ; et s'il vous prend fantaisie de vous coucher de bonne heure, vous avez, pour vous procurer le sommeil, la Quotidienne, la Gazette ; les Débats, le Drapeau blanc, etc., etc.... C'est sans doute un grand avantage que de pouvoir chasser la plus cruelle in-

somnie autrement qu'avec de l'o-
pium ; car les *drogues* dont je viens
de parler ne sont pas susceptibles
d'altérer le tempérament. Enfin,
bals, spectacles, promenades, beau
sexe, cafés, artistes, savans ; c'est
là que tout est réuni. Paris est le
pays de Cocagne , ou je ne suis
qu'un sot.... Vous riez , malin censeur. Je suis un sot, peut-être !.....
moi !.... un homme qui vient d'hériter de quatre - vingt mille francs
de rentes ! demandez à mes amis, qui
dînent tous les jours chez moi ; ils
vous diront que personne n'a plus
d'esprit, le jugement plus sain, et

surtout une meilleure cuisine que
la mienne..... Ah! vous voulez rai-
sonner! vous allez, dites-vous, me
pousser des argumens qu'il me sera
impossible de combattre?....Impos-
sible !... Croyez-vous donc que
quelque chose me soit impossible,
à moi, qui reçois tous les jours à ma
table des gens qui m'assurent que
rien n'est impossible à un homme
qui fait un aussi noble usage de
sa fortune?.... Mais voyons un
peu ces argumens irrésistibles....
Ah! c'est le revers de la médaille,
que vous allez nous montrer !....
mais je vous écoute; parlez. En

Tom. II.   9*

vérité, cher lecteur, ce que dit cet
original, qui s'avise de me contra-
rier, n'a pas le sens commun; mais
certaine personne m'ayant assuré qu'il n'était pas nécessaire d'a-
voir le sens commun pour être lu,
je vais vous rapporter le discours
de ce fou :

« Paris, dit-il après s'être recueilli
un instant, Paris est le réceptacle
de tous les vices ; il sert de retraite
aux plus grands scélérats, et l'humanité a chaque jour à gémir sur
les crimes qui s'y commettent. On
nous reproche que nos bergères ne
sont que de grosses et vieilles filles

de basse-cour : cela peut être, mais ces filles ne compromettent jamais l'honneur des familles et la santé des citoyens. Si nos filles de province sont galantes, au moins elles prennent les plus grandes précautions pour que cela ne soit connu que de ceux qui partagent leurs plaisirs, et jamais on ne vit à la porte d'une église de village, des filles engager les passans à coucher avec elles. Un homme qui n'a pas le moyen de se promener en voiture, peut marcher en province sans craindre les éclaboussures d'un ruisseau fangeux, que vous envoie un insolent financier. En province, on ne voit pas de cafés somptueux ; mais on ne trouve pas non plus de ces tavernes dégoûtantes, de ces cloaques impurs , lieux de réunion de la plus vile crapule. En province, on respire un air pur ; à Paris, et même dans les environs, l'air est empesté. C'est un gouffre où le moral et le physique viennent également s'abîmer ; la plupart des femmes de Paris ne connaissent d'autre loi que celle des plaisirs ; elles y sacrifient tout, époux, fortune, santé. Les enfans manquent du nécessaire, qu'importe ? La mère est à Tivoli.

On trouve quelquefois l'innocence en province ; mais à Paris, c'est une plante étrangère, qu'on ne naturalisera jamais. Qu'on trouve mes raisons mauvaises, je vais citer des faits.

Un jeune homme, d'une honnête famille, est envoyé à Paris pour prendre sa première inscription à la Faculté de Médecine : il arrive dans la Capitale, et le hasard lui fait rencontrer un ami de collége, qui déjà habitait Paris depuis un an.—« Quel bon vent t'amène ? demanda-t-il au nouveau débarqué. —Mon ami, je viens étudier la médecine,

et je vais de ce pas, prendre ma
première inscription.—Ah! parbleu!
c'est une affaire qui peut se remettre ; je te retiens pour aujourd'hui,
et je suis bien sûr que tu ne regret-
teras point l'emploi que tu feras de
ta journée. — Mais toi, mon ami,
que fais-tu à Paris? — Moi? rien.
— Eh ! comment vis-tu donc? car
je suppose que tes parens ne t'en-
voient pas ici pour ne rien faire. —
Cela est vrai ; mais comme ils voulaient que j'étudiasse en droit, et
que cette étude n'était pas de mon
goût, nous nous sommes brouillés:
depuis six mois je n'en ai pas en-

tendu parler ; ce qui ne m'empêche
pas de mener une vie très-agréable.
— Tu as donc trouvé quelqu'emploi lucratif? — Moi! point du tout.
— Mais quels sont donc tes moyens
d'existence ? — Tu le sauras , et s'ils
te conviennent , il ne tiendra qu'à
toi de vivre aussi agréablement que
je fais. » Là dessus, le jeune dé-
bauché conduisit son ami chez un
restaurateur en réputation , et fit
servir un excellent dîner, qu'il ne
voulut point souffrir que le nouveau
débarqué payât. Il demanda la carte;
elle se montait à trente-six francs.
Il jette avec dédain deux pièces d'or

sur la table , et entraîne son ami,
qui ne concevait pas qu'on pût dé-
penser tant d'argent pour un dîner,
surtout lorsqu'on était sans biens
et sans emploi. — Il faut, disait en
soi-même le bon et simple jeune
homme, que mon ami, qui passait
déjà au collége pour avoir beaucoup d'esprit, ait trouvé la pierre
philosophale. En sortant de chez le
restaurateur, on fut à l'Opéra, et
aprés le spectacle, le nouveau débarqué voulut se retirer dans sa
pension. — Un instant, lui dit son
ami, je vais, avant de nous quitter,
te faire connaître mes moyens d'exis-

tence. En parlant ainsi, il le conduisit dans une petite rue fangeuse:
il frappe à une porte, qui s'ouvre
aussitôt, et les deux jeunes gens
montent un escalier faiblement
éclairé, qui les conduit dans un ga-
letas, où l'on voyait, pour tout mo-
bilier, une table immense, recou-
verte d'un tapis vert, sur lequel
étaient des monceaux d'or. Environ
cent cinquante personnes étaient
rangées autour de cette table, et le
plus profond silence régnait. On devine aisément que les amis étaient
dans une de ces maisons de jeu
que l'on nomme *tripots*. Celui qui

habitait Paris depuis un an, jeta
quelques louis sur la chance qui fi-
gurait du côté où il se trouvait : la
fortune le servit, il gagna six fois
de suite, et ramassa deux cents louis.
Notre provincial, émerveillé, demanda à son ami, s'il ne pourrait
en faire autant. « Rien d'aussi facile, répondit l'autre ; mets dix louis
avec moi, et nous serons de moitié. »
La proposition fut acceptée, la fortune continua à les favoriser, et ils
se retirèrent avec chacun six mille
francs de gain. La joie de notre
jeune homme pensa lui faire perdre la tête : dès-lors, il ne pensa

plus à la médecine, et il ne manqua pas le lendemain de retourner avec son ami. Mais la roue de l'aveugle déesse avait tourné, et ils perdirent non-seulement ce qu'ils avaient gagné la veille, mais encore tout ce qu'ils possédaient. Dans l'excès de son désespoir, le futur médecin accusa son ami de l'avoir perdu; celui-ci, qui n'était pas d'humeur à supporter des reproches, répondit par des injures. En sortant de ce repaire, ils mirent l'épée à la main, et l'étudiant en droit reçut un coup mortel. Cet événement acheva de faire perdre l'esprit à son adversaire, qui courut

engloutir dans les flots de la Seine,
sa vie, son désespoir et l'espérance
de sa malheureuse famille.

Voici une autre de ces gentil-
lesses dont les Parisiens sont souvent
les témoins.

Un cultivateur envoya sa fille à
Paris, chez son frère, riche négociant, qui voulait, disait-il, achever
d'une manière convenable l'éducation de la jeune personne. Henriette arriva dans la Capitale, n'ap-
portant pour tout bagage que ses
quinze ans et sa précieuse innocence. Le négociant la fit habiller
convenablement, et ces nouveaux

ajustemens ne servirent qu'à rele-
ver encore les charmes naissans de
la jeune villageoise. Le fils du mar-
chand la trouva si jolie qu'il en
devint amoureux. Henriette était
simple ; elle trouva son cousin fort
aimable, et elle n'eut bientôt plus
rien à lui refuser : bientôt aussi elle
porta dans son sein le fruit de sa
tendresse. Trois mois après, le barbare cousin épousa la fille d'un ami
de son père. Henriette, au désespoir,
s'enferme dans sa chambre, se pré-
cipite par la croisée, et se brise le
crâne aux pieds des chevaux qui
emportaient avec rapidité l'élé -

gante voiture dans laquelle étaient les nouveaux époux. Son cousin fait arrêter la voiture, ordonne qu'on emporte le cadavre chez son père, et vole aux pieds des autels, jurer une fidélité éternelle à la femme qu'il connaît à peine, mais dont il a calculé la fortune.

Le censeur n'en dit pas d'avantage, et je vous le demande, lecteur raisonnable, qu'est-ce que tout cela prouve? Rien, sans doute; non, cela cela ne prouve rien; et je n'en soutiendrai pas moins que Paris est un pays charmant, et la province un séjour insipide pour des gens d'un certain rang. Et la preuve de cela, c'est que cinq jours s'étaient à peine écoulés, et que déjà, sans la charmante fille de M. Verneuil, j'eusse commencé à m'ennuyer furieusement.

Enfin, elle est à moi, et je puis désormais habiter tous les pays du monde; car, près d'une femme comme ma Sophie, on ne peut craindre l'ennui. Quoi qu'il en soit, je quitte dès aujourd'hui la province. Adieu, coquettes provinciales ; adieu, intrigues puériles ; adieu, bergers et bergères, que Florian n'a jamais vus que par le trou d'une bouteille.

Enfin, adieu G.... Vive Paris! je ne veux désormais le quitter que pour recueillir des successions; cela seul peut compenser le désagrément de ne pas y rester toujours. C'est une grande consolation qu'une riche succession ! et je suis persuadé qu'il n'est pas de douleur capable de tenir rigueur à quatre-vingt mille francs de rentes. Aussi tous mes parens peuvent mourir, si bon leur semble : je ne suis pas du régiment d'Anjou, mais je suis Parisien ; et pourvu qu'ils meurent riches, je m'en.... console.

FIN.

TABLE DES CHAPITRES

CONTENUS

DANS CET OUVRAGE.

TOME Ier.

LES TROIS DIABLES.

TOME II.

LE PROVINCIAL

OU HUIT JOURS A PARIS.

FIN DE LA TABLE.

www.ingramcontent.com/pod-product-compliance
Lightning Source LLC
Chambersburg PA
CBHW060027100426
42740CB00010B/1623